Kirche ohne Mitte?

Thomas Martin Schneider

Kirche ohne Mitte?

Perspektiven in Zeiten
des Traditionsabbruchs

EVANGELISCHE VERLAGSANSTALT
Leipzig

Bibliographische Information der Deutschen Nationalbibliothek
Die Deutsche Nationalbibliothek verzeichnet diese Publikation in der
Deutschen Nationalbibliographie; detaillierte bibliographische Daten
sind im Internet über http://dnb.dnb.de abrufbar.

Cover: Mario Moths, Marl
Satz: ARW-Satz, Leipzig
Druck und Binden: CPI books GmbH

ISBN 978-3-374-07318-4 // eISBN (PDF) 978-3-374-07319-1
www.eva-leipzig.de

Inhalt

Zu diesem Buch

Kirchengeschichte unserer Zeit – eine Unmöglichkeit?

Dieses Buch ist eigentlich eine Unmöglichkeit. Kann man überhaupt eine Geschichte oder Kirchengeschichte unserer Zeit schreiben? Der US-amerikanische Historiker Timothy Snyder, Professor an der berühmten Yale University, äußerte im Jahre 2012 in einem Interview: „Historisch bin ich überzeugt, dass wir die ersten sechzig Jahre sowieso nie etwas verstehen. Alle Beteiligten müssen tot und alle Quellen zugänglich sein, und dann brauchen wir immer noch viel Zeit, um alles zu durchdenken."[1]

Es bedarf des Abstandes von mindestens zwei Generationen, um seriöserweise mit der Geschichtsschreibung beginnen zu können, schon allein wegen der Sperrfristen der Archive aus Gründen des Daten- und Persönlichkeitsschutzes. Die Zeitgeschichtsforschung hat nun allerdings immer ge-

---

[1] Ian Kershaw/Timothy Snyder, Vierzehn Millionen Opfer waren nicht überraschend. Interview, in: FAZ 22.09.2012 (https://www.faz.net/aktuell/feuilleton/geisteswissenschaften/ian-kershaw-und-timothy-snyder-im-gespraech-vierzehn-millionen-opfer-waren-nicht-ueberraschend-11894841.html?printPagedArticle=true#pageIndex_2 – Zugriff: 07.09.2022). Zum ganzen Abschnitt vgl. Thomas Martin Schneider, Kirchliche Zeitgeschichte – evangelisch. Entwicklung, Probleme, Aufgaben, in: ThLZ 147 (2022), Sp. 3–26. (Abkürzungen in den Fußnoten nach: Internationales Abkürzungsverzeichnis für Theologie und Grenzgebiete [IATG], bearb. von Siegfried Schwertner, Berlin/New York ²1992.)

gen diese eigentlich richtige und wichtige Regel verstoßen. Sie entstand in Deutschland unmittelbar nach dem Ende des Zweiten Weltkrieges und der nationalsozialistischen Schreckensherrschaft. Diese Zeit musste möglichst rasch kritisch aufgearbeitet werden und das ging natürlich nicht ohne einen substantiellen Beitrag der Geschichtswissenschaft. Entsprechendes gilt für die Kirchengeschichte. Hätte man die von Snyder formulierte Regel beherzigt, dann hätte man mit der historischen Erforschung des Nationalsozialismus erst im Jahre 2006 beginnen dürfen und das Thema bis dahin, etwa im schulischen Geschichtsunterricht, aussparen müssen. Der Historiker Hans Rothfels, einer der Begründer der Zeitgeschichtsforschung in Deutschland, hat die Zeitgeschichte im Jahre 1953 als „Epoche der Mitlebenden" definiert.[2]

Der Zeithistoriker ist also immer auch Zeitzeuge. Viel stärker noch als bei ferneren Geschichtsepochen fließen subjektive Erfahrungen und Sichtweisen und der eigene, natürlich sehr begrenzte Horizont in die Darstellung mit ein, die deshalb immer nur eine sehr vorläufige, perspektivisch verengte und dementsprechend anfechtbare sein kann. Wenn einem viel verwendeten Ondit zufolge der Zeitzeuge der schlimmste Feind des Historikers ist, dann sind Zeithistorikerinnen und -historiker ihre eigenen Feinde und diese Spannung müssen sie einerseits aushalten und andererseits immer wieder sich selbst und ihrer Leserschaft bewusst machen.

So sehr es einleuchten mag, dass man mit der Aufarbeitung der Geschichte der nationalsozialistischen Zeit nicht warten konnte und wollte, sollte man doch mit der Aufarbeitung der allerjüngsten Vergangenheit nicht besser noch war-

---

2 Hans Rothfels, Zeitgeschichte als Aufgabe, in: VZG 1/1953, S. 1-8, hier: 2.

ten? Ja, natürlich könnte man das; und es ist sehr zu hoffen, dass „unsere Zeit" auch kirchengeschichtlich in ein paar Jahrzehnten wissenschaftlich solide aufgearbeitet wird und dass die Ergebnisse dieser kleinen Schrift dabei gründlich in Frage gestellt und revidiert oder gar falsifiziert und ganz andere Aspekte als relevant herausgestellt werden. Die Quellenfrage scheint allerdings zunehmend problematisch zu werden, weil in Zeiten der papierlosen Kommunikation viele E-Mails, Twitter- und WhatsApp-Beiträge, Internetinformationen, Telefonate etc. gar nicht mehr in klassischer Weise archiviert werden können. Die gegenwärtige heftige Erosion der Volkskirche lässt zudem befürchten, dass die Geschichte der Kirche mehr und mehr aus dem Blick gerät, wie das in der allgemeinen Historiographie und bei der öffentlichen Präsentation von Geschichte, etwa in Museen, schon jetzt der Fall zu sein scheint. Die sehr sehenswerte Ausstellung zur Geschichte der Bundesrepublik Deutschland im Haus der Geschichte in Bonn[3] oder auch die 2021 bereits in fünfter Auflage erschienene „Deutsche Geschichte im 20. Jahrhundert" des Direktors des Münchner Instituts für Zeitgeschichte[4] z. B. kommen fast völlig ohne kirchengeschichtliche Aspekte aus. Das verwundert schon allein deswegen, weil der ganz überwiegende Teil der bundesdeutschen Bevölkerung lange Zeit Mitglied einer der beiden Großkirchen gewesen ist und die Kirchen bis heute – etwa im Bereich der Diakonie und Caritas – gewichtige und einflussreiche gesellschaftliche Faktoren

---

3   Vgl. Stiftung Haus der Geschichte der Bundesrepublik Deutschland (Hg.), Unsere Geschichte. Deutschland seit 1945, Bielefeld/Berlin 2019.

4   Andreas Wirsching, Deutsche Geschichte im 20. Jahrhundert, München ⁵2021. Wirsching studierte außer Geschichte sogar auch Evangelische Theologie.

sind. Der verstorbene Münsteraner Kirchenhistoriker Wolf-Dieter Hauschild, dessen Schüler ich sein durfte, hat die praktische Aufgabe bzw. den praktischen Nutzen der Kirchlichen Zeitgeschichtsforschung zudem noch – analog zur Politikberatung in der weltlichen Politik – wie folgt beschrieben:

> „... die evangelische Kirche [wäre] insgesamt gut beraten, die Erkenntnisse der Kirchlichen Zeithistoriographie zur Orientierung hinsichtlich der Voraussetzungen ihrer aktuellen Kirchenpolitik so zu berücksichtigen, daß sie zu einem besseren Verständnis der praktischen Gegebenheiten, auf die man einwirken will, und damit zu einem allseitig reflektierten Handeln beiträgt. Dabei kann es natürlich nicht darum gehen, das zeitgeschichtliche Material bloß entsprechend den jeweils aktuellen Interessen in die Kirchenpolitik einzubringen. Kirchliche Zeitgeschichte als eine Kooperationswissenschaft impliziert ebenso die Beachtung der wissenschaftlich-historischen Methodik wie das Bemühen um eine bessere Realisierung der Verknüpfungsansätze der ... [verschiedenen] theologischen Disziplinen. So kommt der Praxisbezug von Wissenschaft angemessen zur Geltung."[5]

Das vorliegende Buch soll also auch ein kleiner Beitrag zur aktuellen kirchenpolitischen Diskussion über die Zukunft der Kirche sein. Das gehört zum einen zum Geschäft der (Kirchen-)Historiker: Vergangenheitsbewältigung hat immer auch – bewusst oder unbewusst – etwas mit Gegenwartsanalyse und Zukunftsgestaltung zu tun. Zum anderen ist es mir – und hier meldet sich in mir nicht der Kirchenhistoriker, sondern der „Mitlebende" und Zeitzeuge zu Wort – als evangelischer Christ und Theologe, als Gemeindeglied und Mitglied verschiedener kirchlicher Gremien ein persönliches

---

5 Wolf-Dieter Hauschild, Grundprobleme der Kirchlichen Zeitgeschichte, in: ders., Konfliktgemeinschaft Kirche. Aufsätze zur Geschichte der Evangelischen Kirche in Deutschland (AKZG B 40), Göttingen 2004, S. 15–72, hier: 48.

Anliegen. Trotz vieler Enttäuschungen und Frustrationserfahrungen bin ich der evangelischen Kirche eng verbunden und zutiefst von der Wahrheit, dem bleibenden Wert und der auch zukünftigen Relevanz des Evangeliums und des reformatorischen Glaubens überzeugt. Gleichwohl übe ich auch deutliche Kritik am Kurs meiner Kirche, immer aber letztlich aus einer tiefen Verbundenheit mit ihr und mehr noch mit dem Evangelium und den Grundlagen des reformatorischen Glaubens heraus.

Eine abschließende Bemerkung zu dem – uneigentlichen – Begriff „unsere Zeit": Natürlich gehört uns die Zeit nicht und schon gar nicht können wir sie festhalten. Sie zerrinnt uns vielmehr geradezu zwischen den Fingern. Unsere Zeit steht in Gottes Händen, das wusste schon der Psalmbeter (vgl. Psalm 31, Vers 6), und Andreas Gryphius dichtete in der Zeit des Barock:

> „Mein sind die Jahre nicht, / die mir die Zeit genommen; / mein sind die Jahre nicht, / die etwa mögen kommen; / der Augenblick ist mein, / und nehm ich den in acht, / so ist der mein, / der Zeit und Ewigkeit gemacht."[6]

Auch der Begriff „unsere Zeit" weist also auf die „Unmöglichkeit" dieses Buches hin. Das eigentlich Unmögliche trotzdem zu wagen, das hat mich seit geraumer Zeit gereizt und diesem Reiz konnte ich letztlich nicht länger widerstehen, auch wenn mir Freunde rieten, damit am besten wenigstens noch bis zur Pensionierung zu warten. Nicht zuletzt hat mich Frau Dr. Annette Weidhas, die Leiterin der Evangelischen Verlags-

---

6 https://www.google.de/books/edition/Andreae_Gryphii_Freuden_und_Trau er_Spiel/oo9ZAAAAcAAJ?hl=de&gbpv=1&dq=%22und+nehm+ich+den+in+a cht%22&pg=RA2-PA15&printsec=frontcover (Zugriff 07.09.2022).

anstalt Leipzig, dazu ermuntert, dieses kleine Buch zu schreiben. Ihr sei an dieser Stelle sehr herzlich gedankt. Für die gründliche, kritische Durchsicht des Manuskriptes und viele hilfreiche Anregungen danke ich ebenfalls sehr herzlich den Kollegen Jürgen Boomgaarden, Koblenz, Siegfried Hermle, Köln, Wolfgang Huber, Marburg, sowie Jakob und Johannes Rensinghoff, Heidelberg.

Evangelische Kirche ohne Mitte?

Die zentrale These dieses Buches, die ich zur Diskussion stellen möchte, lautet: Die evangelische Kirche in Deutschland verliert gerade ihre Mitte. Das ist natürlich in dieser Pauschalität überspitzt formuliert und entsprechend anfechtbar und auch nicht neu. Es geht mir aber darum, eine, wie ich finde, notwendige Debatte zu einem Trend weiterzuführen, den nicht nur ich seit Längerem auf verschiedenen Ebenen wahrnehme. Das schließt nicht aus, dass es immer wieder auch Entwicklungen gegen den Trend gab und gibt. Der Protestantismus ist seit seinen Anfängen ein äußerst pluriformes Phänomen; die evangelische Kirche gibt es nicht, und in der Vergangenheit hat es sie erst recht nicht gegeben. So problematisch diese Pluriformität ist, ist sie letztlich auch ein Segen. Denn sie bewahrt die Kirche vor theologischen Einseitigkeiten und politisch-monokulturellen Verengungen, hält sie vielmehr in lebendiger Bewegung. Spannungen sind belastend, erzeugen aber auch Energie und können spannend sein.

Die Kirchengeschichte, auch die evangelische, ist voll von – gescheiterten wie mehr oder weniger erfolgreichen – Versuchen, nicht nur solche Spannungen zu überwinden, sondern die Kirche auf einen einheitlichen Kurs festzulegen. Das ist in der Regel am Ende immer gescheitert und musste wohl scheitern. Paradoxerweise aber muss die Kirche trotz ihrer unvermeidbaren Pluriformität stets nach der für alle ihre Glieder erkennbaren gemeinsamen Mitte – ihrem Proprium, Kern, Profil, Alleinstellungsmerkmal, Charakter, Herzen, Bekenntnis – fragen und sich auf diese hin orientieren, denn ohne eine solche Mitte könnte sie gar nicht existieren. Gegenwärtig haben viele Menschen den Eindruck, dass die Kirche sich geradezu auflöst. Liegt das vielleicht daran, dass sie ihre Mitte aus den Augen verloren hat oder zumindest nicht mehr deutlich genug vermitteln kann, was ihre Mitte ist? Wo die Mitte ist, das hängt natürlich immer davon ab, wie man jeweils die Koordinaten bestimmt. Und hier gab es seit dem Anfang des 20. Jahrhunderts verschiedene signifikante Verschiebungen. Um die heutige Situation zu verstehen, ist es notwendig, zunächst die historische Entwicklung der letzten hundert Jahre in den Blick zu nehmen.

Zum Aufbau des Buches: Ein kurzer Abriss der evangelischen Kirchengeschichte im 20. Jahrhundert soll die Vorgeschichte von Heute beleuchten (Kapitel I). Im anschließenden eigentlichen Hauptteil (Kapitel II) sollen vor diesem Hintergrund exemplarisch und ohne Anspruch auf Vollständigkeit einige mir relevant erscheinende aktuelle Entwicklungen aufgezeigt und kritisch diskutiert werden. Sodann soll noch einmal systematisch auf das Ausgangsproblem „Wo fehlt die Mitte?" eingegangen werden (Kapitel III). Schließlich möchte ich konstruktiv aufzuzeigen versuchen, worin aus meiner Sicht die bleibende Relevanz des reformatorischen Christentums besteht (Kapitel IV).

Thomas Martin Schneider
Koblenz, im August 2022

13

I Kurzer Abriss der Kirchengeschichte im 20. Jahrhundert[7]

Am Ende des Kaiserreiches

Im Kaiserreich war der preußisch dominierte kirchliche Mainstream-Protestantismus theologisch konservativ. In Preußen selbst war die sogenannte Hofpredigerpartei der „Positiven Union" tonangebend, andere Länder wie das evangelische Bayern waren vom konfessionellen Luthertum bzw. Neuluthertum geprägt und in verschiedenen Teilen Deutschlands wie in Württemberg und Ostwestfalen wirkten noch der Pietismus und die Erweckungsbewegung aus dem 18. und 19. Jahrhundert stark nach. Daneben gewann der liberale Kulturprotestantismus vor allem im Bürgertum zunehmend an Gewicht. Dessen Ziel war es, den christlichen Glauben mit der modernen Entwicklung in den Bereichen Wissenschaft, Bildung und Kultur in Einklang zu bringen, zu versöhnen und gegebenenfalls anzupassen. Zwischen den sich oft hart bekämpfenden Fronten der Konservativen und der Liberalen hatten es Vermittlungstheologen, die es auch gab, schwer. Ungeachtet aller theologischen Gegensätze – in politischer Hinsicht waren zumindest die kirchlichen Repräsentanten (ausschließlich Männer) der verschiedenen Lager meist gleichermaßen konservativ und standen der Monarchie loyal gegenüber. Das hing natürlich auch mit dem Staatskirchentum

---

7 Zum gesamten Kapitel vgl. Siegfried Hermle/Harry Oelke (Hg.), Kirchliche Zeitgeschichte_evangelisch, Bde. 1–4 (CuZ 5; 7; 9; 10), Leipzig 2019–2022.

zusammen; die Pfarrer leisteten ihren Amtseid auf den König, man sprach vom „Bündnis von Thron und Altar", das dann bei den sogenannten Kriegstheologen im Ersten Weltkrieg chauvinistische Züge annehmen konnte. Dieser sogenannte Nationalprotestantismus wirkte auch nach dem Ende des Krieges und der Monarchie lange nach. Die Arbeiterschaft hatte sich, ungeachtet der meist formal noch vorhandenen Mitgliedschaft, bereits weitgehend von der Kirche abgewendet. Die kleine Gruppe der religiösen Sozialisten war eher die Sache einer intellektuellen bürgerlichen Elite als eine Arbeiterorganisation. Der Versuch des Hofpredigers Adolf Stoecker, eine dezidiert der Monarchie treue evangelische Arbeiterpartei als Alternative zur SPD zu gründen, war kläglich gescheitert und Stoecker geriet überdies in höchst bedenkliches antisemitisches Fahrwasser.

Die Zeit der „Weimarer Republik"

Der verlorene Krieg und das Ende der Monarchie 1918 bedeuteten gerade auch für die evangelische Kirchengeschichte eine einschneidende Zäsur.[8] Das „Bündnis von Thron und Altar" war 1918 mit dem Ende des landesherrlichen Kirchenregiments bzw. des Summepiskopats (der Monarch als oberster Bischof) abrupt zerbrochen. Landesherrliche Kirchenstrukturen wurden jetzt vielfach durch synodale ersetzt und 1922 schlossen sich die Landeskirchen erstmals, wenn auch nur sehr lose, zu einem Kirchenbund zusammen.

---

8   Zum ganzen Abschnitt vgl. Thomas Martin Schneider, Wem gehört Barmen? Das Gründungsdokument der Bekennenden Kirche und seine Wirkungen (CuZ 1), Leipzig 2017, S. 12–27.

Viele Kirchenvertreter trauerten allerdings dem „Bündnis von Thron und Altar" noch lange nach und fanden keinen wirklichen Zugang zu der sich unter schwierigen Bedingungen allmählich etablierenden ersten Demokratie auf deutschem Boden. Freilich sollte dabei auch bedacht werden, dass die Säulen der „Weimarer Republik", nämlich die demokratischen Parteien, die diese maßgeblich stützten, der evangelischen Kirche nicht gerade besonders wohlwollend gegenüberstanden. Die Sozialdemokraten waren bis zu ihrer historischen Wende, die ihren Ausdruck im Godesberger Programm von 1959 fand, in marxistischer Tradition tendenziell atheistisch oder doch zumindest agnostisch eingestellt und forderten überwiegend eine strikte Trennung von Staat und Kirche. Dass mit Adolph Hoffmann, der dem linken Flügel der Unabhängigen Sozialdemokratischen Partei angehörte, ausgerechnet ein führender Vertreter der Freidenker- und Kirchenaustrittsbewegung unmittelbar nach der „Novemberrevolution" 1918, wenn auch nur für sehr kurze Zeit, preußischer Kultusminister wurde, wirkte für die evangelischen Kirchenvertreter wie ein Schock. Gewissermaßen als Schreckgespenst stand ihnen das Schicksal der systematisch verfolgten russisch-orthodoxen Kirche im bolschewistischen Russland vor Augen, mindestens aber der im Jahre 1905 eingeführte strikte Laizismus der Französischen Republik. Die Deutsche Zentrumspartei, die die meisten Reichskanzler der „Weimarer Republik" stellte, war der politische Arm des deutschen Katholizismus, der im 19. Jahrhundert wiederholt in heftige Konflikte mit der protestantischen preußischen Obrigkeit geraten war und kirchenpolitisch engagiert katholische Interessen verfolgte, von denen dann allerdings aus Gründen der Gleichbehandlung nicht selten auch die evangelische Kirche profitierte. In der anfänglich durchaus einflussreichen liberalen Deutschen Demokratischen Partei (DDP) gab es ungeachtet protestantischer Wurzeln zumindest starke laizistische Tendenzen. Als Bündnispartner der Protestanten bot sich außer der kleinen rechtsliberalen Deutschen Volkspartei (DVP), die die Weimarer Reichsverfassung zunächst ablehnte, im Wesentlichen nur die rechtskonservativ-monarchistische Deutschnationale Volkspartei (DNVP) an, die der offenen Gesellschaft der demokratischen „Weimarer Republik" zunehmend skeptisch bis offen feindselig gegenüberstand und die Ergebnisse des Ersten Weltkrieges umkehren wollte. Zwar wurden die Kirchenführer nicht müde zu betonen, die Kirche stehe selbstverständlich „über den Parteien", aber schon Zeitgenossen spotteten: „Die Kirche ist neutral, – doch sie wählt deutschnational!" Da die DNVP bei den Reichstagswahlen zwischen ca. 6 und 20 Prozent der Stimmen erhielt, der Anteil der Protestanten in Deutschland aber bei über 60 Prozent lag, wich offensichtlich das Wahlverhalten eines Großteils der Kirchenmitglieder von dem der kirchlichen Repräsentanten deutlich ab. Auch davon abgesehen, wäre es eine Verkürzung, wollte man die evangelische Kirchengeschichte der „Weimarer Republik" nur mit Stichworten wie „rückwärtsgewandt" oder „dem Alten nachtrauernd" beschreiben. Vor allem im Bereich der Theologie erwies sich die Zeit zwischen 1918 und 1933 als außerordentlich produktiv. Es kam zu vielerlei Aufbrüchen, die hier nur kurz skizziert werden können.[9]

---

9   Zum Folgenden vgl. Thomas Martin Schneider, Theologische Aufbrüche, in: ders. (Hg.), Unterwegs in der ersten deutschen Demokratie. Rheinischer Protestantismus und Weimarer Republik (SVRKG Kl. Reihe 13), Bonn 2021, S. 46–49; dort auch Zitatnachweise.

Bereits im Krisenjahr 1917 war das Buch „Das Heilige" des Marburger Religionswissenschaftlers Rudolf Otto erschienen, das zu den meistverkauften theologischen Büchern im 20. Jahrhundert gehörte und in mehr als 20 Sprachen übersetzt wurde. Ottos Buch, dessen Untertitel „Über das Irrationale in der Idee des Göttlichen und sein Verhältnis zum Rationalen" lautete, brach mit dem vorherrschenden Kulturoptimismus und der protestantischen Ethik im Sinne einer überlegenen Sittlichkeit und bestimmte die Religion, u. a. an Friedrich Schleiermacher anknüpfend, als eine „Kategorie sui generis". Zum 400. Reformationsjubiläum am 31. Oktober 1917 hielt der Berliner Kirchenhistoriker Karl Holl in der Berliner Universität den Festvortrag mit dem Titel: „Was verstand Luther unter Religion?". Dieser Vortrag gilt als programmatischer Beitrag zur sogenannten Lutherrenaissance, die das Verständnis der Theologie Luthers jahrzehntelang prägte. Holl erklärte das Rechtfertigungserlebnis des jungen Martin Luther zum „Typ einer neuen sittlich-religiösen Gewissensreligion". Er setzte ein mit der pessimistischen Anthropologie Luthers, wonach der Mensch in sich selbst verkrümmt ist (homo incurvatus in se). Dem so beschriebenen Menschen stellte Holl unter Berufung auf Luther die Souveränität und Alleinwirksamkeit des sich außerhalb von uns Menschen (extra nos) befindlichen Gottes gegenüber. Unter der Leitung des sächsischen Landesbischofs Ludwig Ihmels erlebte auch das konfessionelle Luthertum nach 1918 einen neuen Aufschwung. Trotz mancher Berührungspunkte ist dieser Aufschwung nicht einfach mit der Lutherrenaissance gleichzusetzen. Das konfessionelle Luthertum orientierte sich weniger an der Person Luthers als an den lutherischen Bekenntnisschriften und strebte einen engeren Zusammenschluss der lutherischen Kirchen auf nationaler, aber auch auf internationaler Ebene an. Nach dem Wegfall des landesherrlichen Kirchenregiments sah man die Chance gekommen, den deutschen Protestantismus auf der Grundlage der unterschiedlichen reformatorischen Bekenntnisse neu zu organisieren. Der wirkungsgeschichtlich höchst bedeutsame theologische Aufbruch der „Dialektischen Theologie" ist untrennbar mit dem Namen des Schweizer reformierten Theologen Karl Barth verbunden. Barths Ende 1918 erschienener Römerbriefkommentar bzw. dessen zweite Auflage von 1922 markierten den Beginn dieser Richtung. Barth hatte Anstoß genommen an einer Theologie, die den Krieg gerechtfertigt und das Kampferlebnis geistlich verklärt hatte, und er hatte den liberalen Kulturprotestantismus seiner Lehrer dafür verantwortlich gemacht. Er suchte nach einer neuen Grundlegung der Theologie und wandte sich gegen jede Form von „Bindestrich-Christentum". Für Barth bestand zwischen Gott und Mensch ein kategorialer Unterschied; Gott sei immer „totaliter aliter" (ganz anders). Jegliche Synthese von Christentum und Kultur, Kirche und Politik, Vernunft und Offenbarung etc. lehnte er deshalb als Anthropologisierung der Theologie bzw. umgekehrt als Vergottung des Menschen strikt ab. Eine große Wirkung erzielte auch das Volkskirchenkonzept des Generalsuperintendenten der Kurmark und späteren Berliner Bischofs sowie EKD-Ratsvorsitzenden Otto Dibelius, dessen sogenanntes lila Buch „Das Jahrhundert der Kirche" von 1926 bis 1928 sechs Auflagen erlangte. Obgleich Dibelius DNVP-Mitglied war, hat er doch das Ende des landesherrlichen Kirchenregiments als Chance begriffen. Die Revolution von 1918 bezeichnete er in seinem Buch sogar als „befreiendes Gewitter". Angesichts der Umbrüche fragte Dibelius nach dem zeitlos gültigen, unverwechselbaren Kern der kirchlichen Botschaft. 1926 erschien auch „Das Berneuchener

Buch", das für die liturgischen Aufbrüche in der Weimarer Zeit stand. Die Berneuchener waren ursprünglich eine evangelische Jugendbewegung, die nach dem Ersten Weltkrieg auf der Suche nach religiöser Erfahrung die Kirche von innen heraus liturgisch-spirituell erneuern und eine Gottesdienstreform anstoßen wollte. Im Mittelpunkt standen der Lobpreis Gottes mit Wechselgesängen und -gebeten und die Feier des Abendmahls als Freudenmahl und Eucharistie (Danksagung). Durch die Rückbesinnung auf die Liturgie ergaben sich vielfach neue ökumenische Beziehungen zur römisch-katholischen Kirche, im Protestantismus wurden den Vertretern der liturgischen Bewegung aber auch katholisierende Tendenzen vorgeworfen. Nicht zuletzt ist auf den Aufschwung der Ökumenischen Bewegung nach 1918 hinzuweisen, die ungeachtet mancher Vorbehalte auch den deutschen Protestantismus nachhaltig beeinflusste. Auf der ersten großen ökumenischen Weltkonferenz, der Weltkonferenz für Praktisches Christentum (Life and Work) in Stockholm 1925, war etwa die deutsche Delegation mit insgesamt 80 Mitgliedern, darunter vier Frauen, nach der US-amerikanischen die zweitgrößte.

Nationalsozialismus

Bei allen Differenzen war den genannten Aufbrüchen vor allem eine Rückbesinnung auf das Proprium des christlichen Glaubens bzw. auf die Theologie im engeren oder eigentlichen Sinne gemeinsam.[10] Das schloss eine bleibende nationalprotestantische Unterströmung nicht aus, unterschied sich aber deutlich von der expliziten Politisierung eines bis-

---

10 Zum ganzen Abschnitt vgl. Schneider, Barmen (wie Anm. 8), S. 28–63.

her noch nicht erwähnten weiteren Aufbruchs in der evangelischen Kirche am Ende der „Weimarer Republik". 1932 wurde auf Reichsebene die „Glaubensbewegung ‚Deutsche Christen'" (DC) gegründet, nachdem es bereits verschiedene Vorläuferbewegungen, u. a. in Thüringen, gegeben hatte. Die DC verstanden sich ausdrücklich als evangelische Kirchenpartei der Nationalsozialisten und wollten sich zunächst konsequenterweise auch „Evangelische Nationalsozialisten" nennen. Das wurde aber von der Parteileitung verboten, da man nicht den Eindruck erwecken wollte, die Partei habe sich einseitig – ähnlich wie die Zentrumspartei an die katholische – an die evangelische Konfession gebunden. Oberstes – und im Grunde einziges – Ziel der DC war die organisatorische und ideologische Gleichschaltung der Kirche mit dem Nationalsozialismus. Friedrich Peter, der spätere DC-Bischof von Magdeburg, äußerte: „Wir haben uns niemals Gedanken darüber gemacht, ob wir theologisch übereinstimmten. Wir haben uns niemals theologisch gegenseitig seziert."[11] Die DC verfolgten politische und nicht theologische Interessen. Angesichts des absoluten Primats der Politik war ihnen die Theologie mehr oder weniger gleichgültig. Ja, sie konnten verschiedentlich sogar bekunden, dass sie die Bekenntnisse der Kirche unangetastet lassen wollten. Kluge Zeitgenossen, die den DC kritisch gegenüberstanden, interpretierten das damals schon so, dass die DC sich für die Bekenntnisse eigentlich gar nicht interessierten. Und hier lag der entscheidende Unterschied zu allen anderen oben skizzierten Aufbrüchen, denen Theologie und Bekenntnisse gerade nicht gleichgültig waren, die sich vielmehr auf unterschiedliche Weise deren

---

11 Zitiert nach Arnold Dannenmann, Die Geschichte der Glaubensbewegung „Deutsche Christen", Dresden o. J. [1933], S. 26.

Kern wieder neu annähern wollten. Freilich muss man konzedieren, dass die DC mit ihrem politischen Kernanliegen zugleich ein volksmissionarisches Ziel verfolgten. Sie wollten die Kirche wieder attraktiv machen, indem sie sie dem damals als modern angesehenen mächtigen nationalsozialistischen Zeitgeist anpassen wollten. Nachdem man schon Ende des 19. Jahrhunderts den Anschluss an die Arbeiterbewegung verpasst hatte, wollte man nicht wieder den Anschluss an eine neue Volksbewegung – als eine solche sah man die nationalsozialistische Bewegung an – verpassen. Das erklärt auch, warum sich nicht nur viele rückwärtsgewandte Nationalprotestanten, sondern auch viele vermeintlich fortschrittliche liberale Kulturprotestanten den DC anschlossen. Die liberale Bibel- und Dogmenkritik schuf Raum für politisch-ideologische Bekenntnisse, die dem damaligen Zeitgeist entsprachen und entsprechend attraktiv waren, insbesondere auch für die jüngere Generation. Das konnte so weit gehen, dass man das traditionelle christliche Glaubensbekenntnis komplett durch ein aktuelles politisch-ideologisches Bekenntnis ersetzen wollte. So schrieb der DC-Reichsbischof Ludwig Müller 1938: „Was heißt schließlich ‚Dogma‘? Ist nicht das [NSDAP-] Parteiprogramm auch eine Art Dogma und sind seine einzelnen Punkte nicht auch gewissermaßen Lehrsätze?"[12]

Es waren der Primat des Politischen und die theologische Verklärung politisch-ideologischer Bekenntnisse, die den innerkirchlichen Widerstand gegen die DC und ihre kirchliche Machtpolitik hervorriefen und im Frühjahr 1934 zur Formierung der „Bekennenden Kirche" (BK) führten. „Kirche muss Kirche bleiben!" und das Bekenntnis müsse nicht nur unangetastet bleiben, sondern Lehre und Ordnung, ja das gesamte

---

12 Ludwig Müller, Was ist positives Christentum? Berlin 1938, S. 96.

Leben der Kirche bestimmen und immer wieder auf den Prüfstand stellen, – das waren die zentralen Forderungen der BK, deren Anhängerinnen und Anhänger im Übrigen, ähnlich wie bei den DC, ursprünglich aus unterschiedlichen Lagern kommen konnten. Wer sich nach der nationalsozialistischen Machtübernahme 1933 wie positionieren würde, war keineswegs so klar, wie es vielen nach 1945 erschienen sein mag. Da gab es z. B. religiöse Sozialisten wie Horst Schirmacher oder Vertreter der Dialektischen Theologie wie Friedrich Gogarten oder ultraliberale Theologen wie Johannes Müller-Elmau, die sich dann bei den bzw. für die DC engagierten. Umgekehrt gab es glühende Nationalprotestanten wie Martin Niemöller oder gar langjährige NSDAP-Parteimitglieder wie dessen Bruder Wilhelm, die zur BK stießen. Die einzige Frau, die als ordentliches Mitglied an der ersten Reichsbekenntnissynode von Barmen Ende Mai 1934 teilnahm und die Barmer Theologische Erklärung mit verabschiedete, Stephanie Mackensen von Astfeld, war z. B. ebenfalls NSDAP-Mitglied und wehrte sich sogar erfolgreich gegen ihren Parteiausschluss, der wegen ihres Engagements für die BK in die Wege geleitet wurde. Und wie Mackensen dachten und verhielten sich auch etliche männliche Synodale.

Abgesehen von durchaus konkreter kirchenpolitischer Abwehr angesichts der Gleichschaltungsbestrebungen der DC enthielt die Barmer Theologische Erklärung dementsprechend auch gar kein politisches Programm. Die politisch überwiegend rechtskonservativ-nationalistisch eingestellten Synodalen dachten weder an politischen Widerstand noch an ein Eintreten für die Opfer des Nationalsozialismus. Die zweifellos vorhandene politische Bedeutung der Barmer Theologischen Erklärung bestand paradoxerweise in der grundsätzlich ideologiekritischen Rückbesinnung auf die Theologie im engeren bzw. eigentlichen Sinne – darin, dass man sich, wie Klaus Scholder es 1984 formulierte, „die damals übermächtige politische Fragestellung gerade nicht aufnötigen" ließ.[13] Barth, der Hauptverfasser der Barmer Theologischen Erklärung, hatte diese Einschätzung bereits zwanzig Jahre zuvor in einer Rundfunksendung bestätigt:

> „Die Barmer Synode und diese Theologische Erklärung waren ja damals eine strenge theologisch-kirchliche Angelegenheit, und von vielen Seiten wurde größtes Gewicht darauf gelegt zu beteuern, behüt' uns Gott davor, daß das irgend etwas mit Politik, vielleicht mit oppositioneller Politik zu tun haben könnte! Nein! Es geht uns nur um die Kirche, nur ums Evangelium und seine Reinheit. Faktisch aber hat diese Barmer Synode damals, ob wir es wollten oder nicht, auch ihre hochpolitische Bedeutung gehabt."[14]

Es war also nicht so sehr die politische Einstellung, die über die Zugehörigkeit zu den DC oder der BK entschied. Die entscheidende Frage war die nach dem Primat des Politischen oder dem Primat des traditionell Bekenntnismäßigen bzw. des genuin Theologischen, ob es gelang, sich von dem Sog des übermächtigen Zeitgeistes zumindest partiell zu lösen. Wie stark dieser Sog war, zeigte das Beispiel Dietrich Bonhoeffers. Er war zweifellos einer der weitsichtigsten, mutigsten und vorbildlichsten Theologen in der Nazizeit und wird deswegen heute geradezu wie ein Heiliger verehrt. Aber selbst diese Ausnahmegestalt Bonhoeffer, dessen Wort vom „Rad", dem

---

13 Klaus Scholder, Die theologische Grundlage des Kirchenkampfes. Zur Entstehung und Bedeutung der Barmer Erklärung, in: EvTh 44/1984, S. 505–524, hier: 510.

14 Karl Barth, Texte zur Barmer Theologischen Erklärung. Mit einer Einleitung von Eberhard Jüngel und einem Editionsbericht hg. von Martin Rohkrämer, Zürich ²2004, S. 230.

man notfalls „in die Speichen ... fallen" müsse, unzählige Male als Beispiel für mutigen Widerstand gerade auch gegen den nationalsozialistischen Rassenantisemitismus zitiert worden ist, gestand in dem Aufsatz „Die Kirche vor der Judenfrage" vom Juni 1933, aus dem das Wort stammt, dem Staat ausdrücklich das Recht zu, in der „Judenfrage ... neue Wege zu gehen", wobei es sich selbst für Bonhoeffer hier „ohne Zweifel" um „eines der geschichtlichen Probleme" handelte, „mit denen unser Staat fertig werden muß"[15].

Insgesamt kann man das Verhalten der evangelischen Kirche, und zwar auch der BK, angesichts der nationalsozialistischen Staatsverbrechen mit Wolf-Dieter Hauschild nur als „moralische Katastrophe" bezeichnen. Sowohl zum Boykott der jüdischen Geschäfte am 1. April 1933 als auch zu den „Nürnberger Rassegesetzen" 1935 als auch zum „Novemberpogrom" 1938 und zur sogenannten „Endlösung", die die Nationalsozialisten allerdings geheim zu halten versuchten, hat die evangelische Kirche in weitem Maße geschwiegen – und das gilt auch für weite Teile der BK und erst recht für die vielen „Neutralen", die sich aus dem „Kirchenkampf" zwischen der BK und den DC herauszuhalten versuchten, dem NS-Staat zuallermeist aber loyal gegenüberstanden. Vor allem unter den radikalen DC in der evangelischen Kirche gab es sogar Christen und Kirchenvertreter, die die Verfolgung der Juden ausdrücklich rechtfertigten. Einzelne, die sich selbst als Christen verstanden bzw. kirchlich engagiert waren, waren sogar aktiv an der Judenermordung beteiligt, wie z. B. der schleswig-holsteinische Pastor und SS-Obersturmbannführer Ernst Szymanowski (genannt Biberstein), der allerdings 1938

---

15 DBW, Bd. 12, S. 349–358, hier: 351–353.

aus der Kirche ausgetreten war. Schließlich sollte nicht uner-
wähnt bleiben, dass die mitunter über Leben und Tod ent-
scheidenden sogenannten „Ariernachweise" in der Regel nur
mit Hilfe der Kirchenbücher, also der Pfarrämter, beigebracht
werden konnten. Ähnliches wie für die Judenverfolgung gilt
auch für die blutige Verfolgung anderer Gruppen durch den
nationalsozialistischen Staat, wie die der politischen Gegner
der Nationalsozialisten, etwa der Kommunisten und Sozialdemokraten, aber auch der Sinti und Roma, der Zeugen Jeho-
vas und der Homosexuellen.

Einen signifikanten Unterschied gab es wohl nur bei der
von Hitler zu Beginn des Krieges angeordneten sogenannten
„Euthanasieaktion" zur systematischen Ermordung behin-
derter und kranker Menschen, die die Kirche als Trägerin entsprechender diakonischer Einrichtungen unmittelbar betraf.
Hier gab es eine spürbare Abwehr, die von erfolgreicher Ver-
schleppungsstrategie über nichtöffentliche Eingaben wie die
Denkschrift des Leiters der Lobetaler Anstalten Pfarrer Paul
Gerhard Braune von 1940 bis zu den energischen Protesten des
evangelischen Landesbischofs von Württemberg Theophil
Wurm reichten. In vielen – wenn auch nicht in allen – kirchlichen Einrichtungen konnten so Menschen vor der Mord-
aktion geschützt werden. Neben der Intervention der Wehr-
macht, die die Tötung ihrer Kriegsinvaliden befürchten
musste, werden die kirchlichen Eingaben, von katholischer
wie evangelischer Seite, mit zu einem Stopp der systematischen „Euthanasie" beigetragen haben. Die sogenannte wilde
Euthanasie ging allerdings weiter. Den staatlich angeordneten Zwangssterilisierungen haben sich zwar katholische,
nicht jedoch evangelische Einrichtungen widersetzt. Evangelische Einrichtungen haben sich teilweise sogar aktiv an
Zwangssterilisierungen beteiligt. Zwangsarbeiter waren auch

in kirchlichen – katholischen wie evangelischen – Einrichtungen beschäftigt. Organisatorische Hilfe gab es in beschränktem Maße außer für die durch die „Euthanasie" mit dem Tode bedrohten Menschen eigentlich nur für sogenannte „nichtarische" Christen; hier sind vor allem das evangelische „Büro Pfarrer Grüber" in Berlin und entsprechende Hilfsstellen der bayerischen Landeskirche in München und Nürnberg zu nennen. Diese Hilfe wie auch der mutige Einsatz einzelner Christen wie Elisabeth Schmitz oder Julius von Jan sowie einzelne mutige Stellungnahmen wie die Denkschrift der bekenntniskirchlichen zweiten Vorläufigen Kirchenleitung an Adolf Hitler von 1936 oder deren Bußliturgie für einen „Gebetsgottesdienst anlässlich drohender Kriegsgefahr" von 1938 verschwinden jedoch „in der historischen Wertung quantitativ wie qualitativ hinter dem fast totalen Schweigen"[16].

Ein gängiger und sicher nicht unberechtigter Vorwurf an die Kirchen lautet, sie hätten sich allzu institutionenegoistisch nur um die eigenen Belange gekümmert, nicht aber um Menschenrechtsverletzungen, die sie nicht unmittelbar betrafen. Sie seien viel zu unpolitisch bzw. politisch naiv gewesen und hätten sich gewissermaßen in der Sakristei verschanzt, um dort zu überwintern. Man kann fragen, ob solche moralischen Urteile nicht insofern unhistorisch sind, als sie aus der sicheren Warte der Nachgeborenen heraus gefällt worden sind bzw. gefällt werden. Der Zürcher Historiker Philipp Sarasin hat zudem jüngst herausgestellt, dass die verbreitete Erzählung, wonach „die Menschenrechte ... das über Jahrhunderte gewachsene Produkt aus der christlichen Ach-

---

16 Wolf-Dieter Hauschild, Lehrbuch der Kirchen- und Dogmengeschichte, Bd. 2, Gütersloh ³2005, S. 907.

tung jedes einzelnen Menschen und dem aufklärerischen Glauben an die Herrschaft des Rechts" gewesen seien, so nicht stimme. Der Menschenrechtsbegriff sei „während des ganzen 19. Jahrhunderts und bis zum Zweiten Weltkrieg fast gar nicht in Gebrauch" gewesen, sondern habe sich erst ab 1973 in den USA und dann auch im deutschsprachigen Raum „explosionsartig" ausgebreitet.[17] Man kann über die Rolle der Kirchen im Nationalsozialismus auch milder urteilen, wenn man bedenkt, dass die beiden Großkirchen in Deutschland – im Falle der evangelischen Kirche die BK – wohl die einzigen gesellschaftlichen Großgruppen waren, die sich auf Dauer erfolgreich der organisatorischen und ideologischen Gleichschaltung entziehen bzw. widersetzen konnten – anders als viele andere gesellschaftliche Großgruppen, denen das aus unterschiedlichen Gründen nicht gelang, wie z. B. den politischen Parteien jenseits der NSDAP, den Gewerkschaften und Arbeitgeberverbänden, den Sportverbänden und im Grunde allen Vereinen und Zusammenschlüssen. Die vermeintlich unpolitische bzw. politisch naive Haltung der BK erklärt sich nicht zuletzt auch aus der hochpolitisierten Haltung der DC und deren Anbiederung an die absolut dominante politische Ideologie. Das schreckte die BK und deren Vertreterinnen und Vertreter ab, ebenso wie die – durchaus berechtigte – Furcht vor Sanktionen durch den NS-Unrechtsstaat und dessen Schergen.

---

17 Philipp Sarasin, 1977. Eine kurze Geschichte der Gegenwart, Berlin 2021, S. 121–123.

Nach dem Zweiten Weltkrieg

Die Stuttgarter Schulderklärung des Rates der sich in Gründung befindlichen Evangelischen Kirche in Deutschland (EKD) vom 18./19. Oktober 1945 wird heute zumeist als viel zu vage und unzureichend empfunden. Man vermisst vor allem eine konkrete Benennung der nationalsozialistischen Staatsverbrechen, wie des millionenfachen Mordes an den Juden, Sinti und Roma und vielen anderen, und empfindet sie wegen der relativierenden Formulierungen mit vielen Komparativen eher als apologetisch. So heißt es in dem kurzen Text u. a.:

> „Wohl haben wir lange Jahre hindurch im Namen Jesu Christi gegen den Geist gekämpft, der im nationalsozialistischen Gewaltregiment seinen furchtbaren Ausdruck gefunden hat; aber wir klagen uns an, dass wir nicht mutiger bekannt, nicht treuer gebetet, nicht fröhlicher geglaubt und nicht brennender geliebt haben."[18]

Hinzu kommt, dass der Text unter dem Eindruck des spontanen Besuchs von ausländischen Vertretern der Ökumene, die eine solche Schulderklärung erwarteten, zustande kam und dass er maßgeblich dazu beitrug, die sich neu formierende EKD wieder als gleichwertiges Mitglied in den Kreis der weltweiten Ökumene aufzunehmen.

Das nährt den Verdacht, dass mit der Schulderklärung, die zunächst auch nicht veröffentlicht werden sollte, vor allem eigene kirchenpolitische Interessen verfolgt wurden. Als die Schulderklärung dann doch in der deutschen Öffentlichkeit bekannt wurde, rief sie eine Welle des Protests hervor. Viele empfanden sie als Nestbeschmutzung und meinten, das von Nazi-Deutschland ausgegangene Unrecht gegen die Not der deutschen Bevölkerung auf Grund des Bombenkrieges, der

---

18 KTGQ V (1999), S. 187.

schlechten Versorgungslage und von Flucht und Vertreibung aus den Ostgebieten aufrechnen zu können. Der in der Bevölkerung verbreiteten ablehnenden Haltung gegenüber den Entnazifizierungsmaßnahmen schlossen sich auch die allermeisten Kirchenrepräsentanten an. So protestierte der erste EKD-Ratsvorsitzende Wurm in einem Schreiben vom 26. April 1946 an die Amerikanische Militärregierung für Deutschland gegen das Entnazifizierungsgesetz, da es u. a. „elementare Rechtsgrundsätze" nicht beachte. So wolle das Gesetz entgegen dem Grundsatz *nulla poena sine lege* (keine Strafe ohne Gesetz) „Handlungen und Gesinnungen bestrafen, welche lange vor dem Erlaß dieses Gesetzes liegen"[19]. Evangelische Geistliche stellten massenhaft „Persilscheine" aus und kümmerten sich seelsorgerisch um verurteilte NS-Verbrecher, während sie deren Opfern oft keine weitere Beachtung schenkten, zumal wenn diese nicht evangelisch waren. Für den eigenen Bereich hatten die Kirchen, die als weitgehend unbelastet galten, das Recht zur „Selbstreinigung" erhalten. Diese „Selbstreinigung" verlief äußerst mild.

In der Regel beließ man es bei Versetzungen. Selbst führende DC wie der frühere Reichsleiter Joachim Hossenfelder oder der Mitgründer der besonders radikalen Thüringer DC, Siegfried Leffler, oder auch verschiedene DC-Bischöfe konnten nach 1945 wieder als Pfarrer amtieren. Dabei ist natürlich auch zu beachten, dass sich kirchliche Vertreter, die Sündenvergebung predigten, schwertaten, Amtsbrüder, die womöglich wie z. B. Leffler auch noch ein Bußbekenntnis abgelegt hatten, endgültig aus dem kirchlichen Dienst zu entfernen.

---

19 Clemens Vollnhals (Hg.), Entnazifizierung. Politische Säuberung und Rehabilitierung in den vier Besatzungszonen 1945–1949, München 1991, S. 292 f.

Freilich sollte man die Kontinuitätslinien vor und nach 1945 auch nicht überbetonen. Die DC galten als gründlich desavouiert und Versuche, wie der des früheren westfälischen DC-Bischofs Bruno Adler, ehemalige kirchenpolitische Weggefährten wieder neu zu sammeln,[20] waren zum Scheitern verurteilt. In den kirchenleitenden Organen dominierten, ungeachtet mancher Kompromisse, die BK-Vertreter, die sich durchaus als Sieger der Geschichte verstehen konnten. Vielfach knüpfte man an Strukturen und Rechtsgrundlagen aus der Zeit vor 1933 an. Auf Grund der veränderten politischen Rahmenbedingungen ging das allerdings nicht immer. So bedeuteten das Ende des preußischen Staates und die sich abzeichnende dauerhafte deutsche Teilung faktisch auch das Ende der großen Evangelischen Kirche der altpreußischen Union, deren Kirchenprovinzen sich verselbständigten.

Kirchenpolitisch wie theologisch war die Nachkriegszeit gekennzeichnet durch die fortgesetzten Auseinandersetzungen zwischen den beiden Flügeln der BK, die bereits 1936 zu einem Auseinanderbrechen der BK geführt hatten. Der gemäßigtere, konfessionell-lutherische Flügel der BK orientierte sich an den lutherischen Bekenntnisschriften aus dem 16. Jahrhundert, mit denen man sich vor den Versuchungen des modernen Zeitgeistes zu immunisieren hoffte, und strebte einen deutschen evangelischen Kirchenbund mit drei Säulen, nämlich jeweils einer lutherischen, einer reformierten und einer unierten Bekenntniskirche, an. Die Barmer Theologische Erklärung rezipierten die Lutheraner im Wesentlichen als einen Rückruf zu den jeweiligen traditionellen Bekennt-

---

20 Vgl. Bernd Hey, Die Kirchengeschichtliche Arbeitsgemeinschaft: Ein Solidarisierungsversuch ehemaliger Deutscher Christen, in: JWKG 80 (1987), S. 229–239.

nisschriften der Alten Kirche und der Reformationszeit, im Falle der Lutheraner selbst also zu den – oder doch zumindest zu einem Teil der – lutherischen Bekenntnisschriften, wie sie im Konkordienbuch von 1580 zusammengestellt worden waren. Der radikalere, unierte und reformierte Flügel bezog sich demgegenüber vor allem auf die Dialektische Theologie des reformierten Theologen Barth und verstand die Barmer Erklärung im Sinne eines neuen Unionsbekenntnisses, das die Scheidelinie zu den Irrlehren der DC klar markiere und die Grundlage für eine rechtgläubige und die innerprotestantischen Konfessionsunterschiede überbrückende evangelische Kirche in Deutschland darstelle. Die skizzierten Auseinandersetzungen waren der Grund dafür, dass sich die Gründung der EKD bis 1948 verzögerte. Sie beruhte letztlich auf einem Kompromiss. Die lutherischen Landeskirchen, mit Ausnahme Oldenburgs und Württembergs, schlossen sich zur Vereinigten Evangelisch-Lutherischen Kirche Deutschlands (VELKD) zusammen, wurden zugleich aber auch gemeinsam mit den unierten und reformierten Landeskirchen sowie Oldenburg und Württemberg Gliedkirchen der EKD.

In politischer Hinsicht übten die Protestantinnen und Protestanten und insbesondere ihre kirchlichen Repräsentanten nach dem Krieg lange Zeit ganz überwiegend weitgehende Zurückhaltung. Das schloss allerdings eine nationalistische und demokratieskeptische Grundstimmung keineswegs aus, die an eine entsprechende Mentalität aus der Zeit vor 1933 anknüpfen konnte. Viele unterstützten wohl, wenn auch eher im Verborgenen, die CDU-geführte Regierung Konrad Adenauers. Der ehemalige Zentrumspolitiker Adenauer machte keinen Hehl daraus, dass er sich dem rheinischen Katholizismus zugehörig wusste, bemühte sich aber immer wieder darum, auch Protestanten einzubinden. So war nicht nur der erste Bundespräsident (1949–1959), Theodor Heuss, ein überzeugter Lutheraner, sondern auch die drei Bundestagspräsidenten in der Zeit der CDU-geführten Regierungen von 1949 bis 1969 waren evangelisch. Hermann Ehlers, Bundestagspräsident von 1950 bis 1954, war sogar juristischer Oberkirchenrat der oldenburgischen Landeskirche, sein Amtsnachfolger bis 1969, Eugen Gerstenmaier, habilitierter evangelischer Theologe und Mitbegründer und Leiter des Hilfswerks der EKD. Auch den Regierungen Adenauers gehörten profilierte Protestanten an, darunter der Präses der EKD-Synode, Gustav Heinemann, als Bundesinnenminister (1949–1950) und Bundeswirtschaftsminister (1949–1963) Ludwig Erhard, der von 1963 bis 1966 Adenauers Nachfolger als Bundeskanzler wurde und sich u. a. von 1964 bis zu seinem Tode 1977 als Kuratoriumsvorsitzender sehr für das renommierte Institut für Neutestamentliche Textforschung in Münster engagierte. Auch die erste Bundesministerin (für Gesundheitswesen, 1961–1966), Elisabeth Schwarzhaupt, war als ehemalige EKD-Oberkirchenrätin eine profilierte Protestantin. Für den ansonsten geübten Kurs politischer Zurückhaltung bzw. Abstinenz – der natürlich faktisch eine Unterstützung der bestehenden Machtverhältnisse bedeutete – dürften, wie schon erwähnt, die traumatischen Erfahrungen mit den DC eine Rolle gespielt haben, die sich ja ganz explizit politisch engagiert hatten. Ganz in der Tradition der BK in der Zeit des Nationalsozialismus konzentrierte man sich kirchlicherseits auf den im engeren oder eigentlichen Sinn religiöstheologischen Bereich. Auf dem Feld der Ethik und Moral vertraten auch evangelische Kirchenrepräsentanten ganz überwiegend eine streng konservative Haltung. Dazu gehörten ein ganz traditionell-bürgerliches Familienbild mit einem entsprechenden Verständnis der Rolle der Frauen und eine sehr rigide Ehe- und Sexualmoral, einschließlich des Kampfes gegen „Schmutz und Schund" in Literatur, Film, Theater etc. Sehr konservativ waren z. B. auch bis in die 1970er Jahre hinein die kirchlichen Lebensordnungen für die Pfarrer. Wenn sie heiraten wollten, mussten sie für ihre Partnerinnen erst das Placet der Kirchenleitungen einholen, das etwa regelmäßig dann verweigert wurde, wenn die Partnerinnen nicht evangelisch waren. Im Falle einer Ehescheidung musste ein Pfarrer mit disziplinarischen Maßnahmen rechnen, etwa einer Versetzung. Ein angehender Pfarrer mit einem unehelichen Kind musste seinen Berufswunsch aufgeben.

Lediglich eine kleine Minderheit westdeutscher Protestanten beteiligte sich – ungeachtet ihrer meist weitgehenden Zustimmung zu den konservativen Moralvorstellungen – am politischen Protest gegen die Politik der Westbindung und Wiederbewaffnung der Regierung Adenauer, später auch gegen die Atombewaffnung und den Militärseelsorgevertrag. Allerdings befand sich unter diesen Protestlern eine Reihe von prominenten Protestanten wie der hessen-nassauische Kirchenpräsident Martin Niemöller und der vom Amt des Innenministers zurück- und aus der CDU ausgetretene Heinemann, die vermutlich für eine überproportionale mediale Aufmerksamkeit sorgten. Das Beispiel Niemöllers zeigte, dass auch der politische Protest mit einer bleibenden nationalprotestantischen Mentalität und Reserve gegenüber der parlamentarischen Demokratie durchaus vereinbar sein konnte. Und das klägliche Scheitern der u. a. von Heinemann 1952 eigens gegründeten Gesamtdeutschen Volkspartei (GVP), die bei den Bundestagswahlen 1953 nur gut ein Prozent der Stimmen erhielt, machte deutlich, dass lediglich ein verschwindend geringer Teil der Protestantinnen und Protestanten sich mit den Zielen dieser Partei identifizieren wollte.

Während Niemöller offenbar niemals so recht einen Zugang zur repräsentativen Demokratie fand und später keinerlei Berührungsängste gegenüber radikalen linken Gruppierungen hatte, wandten sich Heinemann und seine protestantischen Weggefährten aus der GVP, unter ihnen Johannes Rau, später der SPD zu – Heinemann wie Rau brachten es dann mit deren Unterstützung bis zum Amt des Bundespräsidenten. Die regierungskritischen Protestanten entstammten meist dem radikaleren, von Barth geprägten Flügel der BK; – später sprach man auch von „Linksbarthianern". Als sich 1945 der Bruderrat der EKD in der Nachfolge des bekenntniskirchlichen Reichsbruderrates neu konstituierte, kam es innerhalb dieses Gremiums, das erst 1948 seinen Leitungsanspruch an den Rat der EKD abgab, zu heftigen politischen Auseinandersetzungen, die 1952 schließlich zur Auflösung des Bruderrates führten. Der politisch kritischere Teil des Bruderrates hatte sich bereits im Darmstädter Wort von 1947[21] zu Wort gemeldet, gegen das insbesondere konservativ-lutherische Theologen, auch aus dem Bruderrat selbst, dann gleich Protest einlegten. Im Unterschied zur Stuttgarter Schulderklärung wollten die Verfasser des Darmstädter Wortes strukturelle Ursachen für die Katastrophe des „Dritten Reiches" klar benennen und forderten die Kirche und ihre Mitglieder zur Übernahme politischer Verantwortung auf. Konkret verwies man auf die folgenden, auch die Kirche betreffenden Gründe für das Entstehen und weitgehend ungehinderte Agieren des NS-Unrechtsstaates: übersteigerten Nationalismus und Militarismus, Konservativismus und Reformverweigerung, die Polarisierung zwischen vermeintlich Guten und Bösen, die Vernachlässigung der „Sache der Armen und Entrechteten" sowie

---

21 KTGQ V (1999), S. 195 f.

die falsche kulturprotestantische Parole „Christentum und abendländische Kultur". So nachvollziehbar diese Punkte aus heutiger Perspektive zum Teil auch sind, es fällt auf, dass wie in der Stuttgarter Erklärung eine konkrete Benennung der nationalsozialistischen Staatsverbrechen, etwa des Holocausts, fehlte. Zudem wies das Darmstädter Wort durch Formulierungen wie „Wir sind in die Irre gegangen. ... Wir haben das Recht zur Revolution verneint ..." oder „Wir sind in die Irre gegangen, als wir übersahen, daß der ökonomische Materialismus der marxistischen Lehre die Kirche an den Auftrag und die Verheißung der Gemeinde für das Leben und Zusammenleben der Menschen im Diesseits hätte gemahnen müssen." eine gewisse Sozialismusaffinität auf, die die ablehnende Haltung vieler konservativer und liberaler Kirchenvertreter erklärte. Anders als die Stuttgarter Schulderklärung wurde das Darmstädter Wort weder als eine offizielle Verlautbarung der EKD wahrgenommen noch wurde es zunächst überhaupt in nennenswertem Umfang rezipiert. Das änderte sich allerdings in den 1960er/70er Jahren, als das Darmstädter Wort gewissermaßen neu entdeckt wurde und verschiedene Gruppen sich zur Legitimierung ihrer aktuellen Anliegen darauf beriefen.

Wie wenig selbst der Bruderrat, deren Mitglieder sich durchaus zu Recht für die entschiedensten Gegner des Nationalsozialismus innerhalb der evangelischen Kirche hielten, zunächst das nationalsozialistische Menschheitsverbrechen der millionenfachen Ermordung der europäischen Juden wirklich reflektierte, zeigte sein „Wort zur Judenfrage" vom April 1948. Ungeachtet der Verurteilung des Antisemitismus war da von den „irrenden Kindern Israels" die Rede, die sich u. a. die Vorhaltung gefallen lassen mussten: „Daß Gott nicht mit sich spotten läßt, ist die stumme Predigt des jüdischen

Schicksals, uns [Christen] zur Warnung, den Juden zur Mahnung, ob sie sich nicht bekehren möchten zu dem, bei dem allein auch ihr Heil steht [gemeint war Jesus Christus]."[22] Nur drei Jahre nach dem Ende des Holocaust „das jüdische Schicksal" als Erziehungsmaßnahme Gottes zum Zwecke der Bekehrung der Juden zum Christentum zu deuten – aus heutiger Sicht ist eine solche Interpretation an Zynismus kaum zu überbieten. Erst mit der „Weißenseer Erklärung" der EKD-Synode vom April 1950[23] begann ein Umdenken in der evangelischen Kirche. In dieser Erklärung rückte man erstmals von der bis dahin gleichsam wie ein Dogma vertretenen Substitutionstheorie ab, wonach Gottes Erwählung des Volkes Israel seit Jesus Christus den „verstockten" Juden entzogen worden und auf die Christen als das neue Volk Gottes übergegangen sei. Im Gefolge der „Weißenseer Erklärung" hat man in der evangelischen Kirche das Verhältnis zu den Juden grundlegend geändert. Aus Feindschaft und Ablehnung wurden Hinwendung, Partnerschaft und nicht selten sogar Bewunderung für die uralten Traditionen des Judentums. Meilensteine auf diesem Weg waren etwa die Studie des Rates der EKD „Christen und Juden" aus dem Jahre 1975[25] und der Synodalbeschluss der Evangelischen Kirche im Rheinland „Zur Erneuerung des Verhältnisses von Juden und Christen" aus dem Jahre 1980.[25]

---

22 Rolf Rendtorff/Hans Hermann Henrix (Hg.), Die Kirchen und das Judentum. Dokumente von 1945–1985, Paderborn/München ²1989, S. 540–544, hier: 542.

23 A. a. O., S. 548 f.

24 Christen und Juden. Eine Studie der Evangelischen Kirche in Deutschland, Gütersloh 1975.

25 KTGQ V (1999), S. 308–310.

Theologisch sehr kontrovers diskutiert wurde in der Nachkriegszeit neben den oben genannten politischen Fragen vor allem zweierlei: zum einen, ausgelöst durch entsprechende Kritik Barths, die Kindertaufe, zum anderen das Entmythologisierungsprogramm des Marburger Professors für Neues Testament, Rudolf Bultmann. Barth bezweifelte den Sakramentscharakter der Taufe und verstand diese als „freie menschliche Tatantwort" auf die zuvor erfolgte Anrede Gottes, weshalb er die Säuglingstaufe ablehnte. Dies stieß nicht nur bei lutherischen Theologen auf Unverständnis, die mit Luther die Taufe als Sakrament und die Kindertaufe u. a. als Ausdruck der passiven Haltung des Menschen beim Rechtfertigungsgeschehen verteidigten, sondern brachte auch viele von Barth geprägte Pfarrer in Gewissenskonflikte und zugleich in Konflikte mit ihren Vorgesetzten bzw. den Kirchenbehörden, die einen Taufaufschub ablehnten und erwarteten, dass die Pfarrer nicht nur die kleinen Kinder ihrer Gemeinde, sondern auch die eigenen Kinder tauften bzw. taufen ließen. Bultmanns Entmythologisierungsprogramm wurde häufig als Frontalangriff auf die Bibel und das christliche Bekenntnis angesehen und stieß auf breite Ablehnung. Dabei übersah man meist die konstruktive Seite seines Programms, nämlich die Forderung nach einer existentialen Interpretation des Mythos, und die apologetische Intention Bultmanns, der den christlichen Glauben keineswegs eliminieren, sondern – ganz ähnlich wie z. B. schon Friedrich Schleiermacher etwa 150 Jahre und Adolf von Harnack etwa 50 Jahre zuvor – für den modernen, gebildeten Menschen in der modernen Welt retten wollte.

Insgesamt war die Nachkriegszeit zumindest im Westen Deutschlands eine Blütezeit der Kirche. Nach der NS-Diktatur und dem Zweiten Weltkrieg, nach millionenfachem gewaltsamem Tod, unzähligen physischen und psychischen Verletzungen, nach Leid und Schuld – nicht selten allerdings verdrängt –, nach Flucht und Vertreibung, Verwüstung und Entbehrungen, nach politisch-ideologischer Desillusionierung etc. sehnten sich viele Menschen nach Orientierung und Identitätsklärung, auch nach einem moralischen Kompass. Das alles schienen in besonderem Maße die Kirchen mit ihrer jahrhundertealten und den Jammer dieser Welt transzendierenden Botschaft bieten zu können. Sie gehörten zu den wenigen gesellschaftlichen Großgruppen, die ihre Arbeit nach 1945 weitgehend nahtlos fortsetzen konnten und überdies von den alliierten Besatzungsmächten privilegiert und unterstützt wurden. Die Gottesdienste und Kindergottesdienste waren vergleichsweise gut besucht, zerstörte Kirchengebäude wurden relativ rasch wiederaufgebaut oder durch gleichermaßen kostengünstige wie ästhetisch ansprechende Notkirchen, insbesondere des Architekten Otto Bartning, ersetzt, von denen sich bald herausstellte, dass sie weit mehr als bloße Provisorien waren. Da auch die Kirchen über die Kirchensteuern vom „Wirtschaftswunder" stark profitierten – Hauschild prägte für die Kirchengeschichte ab etwa 1960 in Anlehnung an die steinreiche Comicfigur Dagobert Duck den Begriff der „dagobertinischen Phase"[26] –, wurden bald auch aufwändigere Kirchbauten geplant und realisiert. Aber auch in vielen anderen kirchlichen Bereichen, insbesondere im Bildungsbereich und in der Diakonie, wurde viel Geld investiert;

---

26 Wolf-Dieter Hauschild, Evangelische Kirche in der Bundesrepublik Deutschland zwischen 1961 und 1979, in: Siegfried Hermle/Claudia Lepp/ Harry Oelke (Hg.), Umbrüche. Der deutsche Protestantismus und die sozialen Bewegungen in den 1960er und 70er Jahren (AKZG B 47), Göttingen 2007, S. 64.

viele kirchliche Wirkungsfelder wurden ausgeweitet bzw. entstanden neu.

In der ganz überwiegend protestantischen DDR hatte es die Kirche ungleich schwerer als in der kirchenfreundlichen, reichen Bundesrepublik.[27] Die DDR war ein atheistischer Weltanschauungsstaat, der Religion und Kirche als zu überwindende bürgerliche Relikte und Horte der Reaktion bzw. Konterrevolution ansah. Insbesondere in ihrer Gründungsphase bemühte sich das DDR-Regime nicht nur um eine strikte Trennung von Staat und Kirche, indem etwa die Kirchensteuer und der schulische Religionsunterricht abgeschafft wurden, sondern man ging auch aktiv gegen Christen vor, insbesondere gegen die „Junge Gemeinde" und die Studentengemeinden. Effektiver als solche Maßnahmen, die in der Bevölkerung auf Unverständnis und breite Ablehnung stießen, war die Einführung der Jugendweihe als Alternative zur Konfirmation 1955. Im Zentrum der Jugendweihe stand ein Gelöbnis, in dem die Jugendlichen sich zum sozialistischen Staat bekennen sollten. Wer nicht an der Jugendweihe teilnahm, musste mit massiven Nachteilen, vor allem in den Bereichen Schule, Ausbildung und Studium, rechnen. Dies hatte zur Folge, dass sich immer mehr Jugendliche nicht mehr konfirmieren ließen und von der Kirche abwandten. Die Volkskirche hat diese Entwicklung nicht überstanden und wandelte sich zu einer Minderheitenkirche.

---

27 Zur Kirchengeschichte der DDR vgl. Andreas Stegmann, Die Kirchen in der DDR. Von der sowjetischen Besatzung bis zur Friedlichen Revolution, München 2021.

Die Umbrüche ab den 1960er Jahren

In den etwa drei Jahrzehnten zwischen dem Mauerbau und der Wiedervereinigung kam es in der evangelischen Kirche sowohl im Westen als auch im Osten Deutschlands zu gravierenden Veränderungen mit längerfristigen Folgen bis heute.[28] Die Art bzw. die angemessene Bezeichnung der Veränderungen variieren in der zeitgenössischen Wahrnehmung und in der späteren Forschung ebenso wie die genaue Datierung. Während die zeitgenössischen Akteure durchweg von einer „Krise" sprachen, fanden in der Rückschau eher neutralere Begriffe wie „Zäsur", „Abschied vom Milieu", „Ende des [im 19. Jahrhundert begonnenen] ‚Zweiten Konfessionellen Zeitalters'", „Umbruch" oder „Transformation" Verwendung.[29] Wurden zunächst exakt das siebte Jahrzehnt des 20. Jahrhunderts und insbesondere das markante Jahr 1968 fokussiert, geht man heutzutage mehrheitlich von gleitenden Übergängen und unscharfen Grenzen aus und spricht etwa von den „langen 1960er Jahren", die sich von den 1950er bis in die 1970er Jahre hinein erstreckten, oder sieht in den 1960er Jahren lediglich den Teil eines umfassenderen religiösen Wandels in der gesamten zweiten Hälfte des 20. Jahrhunderts. Hauschild sah in den 1960er und 70er Jahren sogar lediglich eine „Übergangsphase" bzw. die „Inkubationszeit einer langfristigen Transformation"[30].

---

28 Zum ganzen Abschnitt vgl. Thomas Martin Schneider, Protestantische Milieus und Gruppen, in: Hermle/Oelke, Zeitgeschichte (wie Anm. 7), Bd. 4, S. 103–125.

29 Detlef Pollack, Einleitung, in: Claudia Lepp/Harry Oelke/Detlef Pollack (Hg.), Religion und Lebensführung im Umbruch der langen 1960er Jahre (AKZG B 65), Göttingen 2016, S. 9–27, hier: 9–11.

30 Hauschild, Kirche (wie Anm. 26), S. 51–90, hier: 52; 59.

Die Veränderungen wurden häufig im Zusammenhang mit der Säkularisierungstheorie gesehen, wonach es ab etwa 1960 zu einem signifikanten Rückgang an Religiosität gekommen sei. Die Säkularisierungstheorie ist freilich auch immer wieder heftig bestritten worden. Vertreterinnen und Vertreter einer „Individualisierungstheorie" waren bzw. sind der Auffassung, dass es zwar zu einer Entkonfessionalisierung und Entkirchlichung gekommen sei, dass aber an die Stelle der institutionalisierten Religion mit ihren Lehren und Riten „Formen einer selbstgewählten hochindividuellen Religiosität und Spiritualität mit starken synkretistischen Anteilen getreten seien"[31], dass also von einem allgemeinen Rückgang an Religiosität keine Rede sein könne. Philipp Sarasin hat in seiner „kurzen Geschichte der Gegenwart" von 2021 dem „nicht selten als Religionsersatz" dienenden Aufkommen und Boom verschiedener New-Age-Konzepte ab den 1970er Jahren – von sexueller Obsession über das Experimentieren mit Drogen, esoterische Praktiken und die in aller Regel sehr oberflächliche Imitation fernöstlicher Religiosität bis hin zu Lebensreformprojekten, psychologischen Praktiken und linker wie rechter Identitätspolitik – breiten Raum gewidmet.[32] Einig waren sich die Verfechterinnen und Verfechter der beiden oben genannten Theorien zumeist darin, dass der religiöse Umbruch nur multikausal zu erklären ist und dass Religion, Kirche und Theologie bei dem Wandel nicht nur passiv waren oder lediglich auf kontextuale Veränderungen reagierten, sondern dass sie vielmehr auch selbst als Akteure diesen Wandel mitgestalteten bzw. mitverursachten.

---

31 Pollack, Einleitung (wie Anm. 29), S. 17.
32 Sarasin, Geschichte (wie Anm. 17), S. 169–249, Zitat: 217.

Vor dem allgemeinen Hintergrund eines wachsenden Wohlstands und Bildungsniveaus und eines damit zusammenhängenden veränderten Konsum- und Freizeitverhaltens, bei dem die Massenmedien und die Mobilität eine immer stärkere Rolle spielten, werden zumeist folgende Symptome bzw. Ursachen des religiösen Umbruchs genannt: „das Aufkommen einer rebellischen Jugendkultur", „die Veränderung der Frauenrolle", „Pluralisierung, De-Institutionalisierung, Individualisierung", „die Entstandardisierung der traditionellen Familien-, Arbeits- und Lebenslaufmuster" und die „Milieuabschmelzung", die gerade auch die konfessionellen Milieus erfasste.[33] Im Hinblick auf die Veränderungen innerhalb des Protestantismus verwies der Münsteraner Religionssoziologe Detlef Pollack vor dem Hintergrund der „neuen sozialen Bewegungen während der 1960er und 70er Jahre" insbesondere auf die „Politisierung von Religion" und die „Moralisierung der Politik", die „von einem innerkonfessionellen Polarisierungsprozess begleitet" worden seien, sowie auf die Bemühungen um „umfassende Kirchenreformen" mit dem Ziel einer „Rationalisierung, Professionalisierung und Funktionalisierung des kirchlichen Handelns" und einer „Anthropologisierung der christlichen Botschaft"[34].

1961 traten erstmals eine Reihe von evangelischen Geistlichen öffentlich für die SPD ein und mit Kurt Scharf wurde im selben Jahr auch ein EKD-Ratsvorsitzender gewählt, der als SPD-nah galt. Nunmehr setzte allmählich eine explizite Politisierung ein – in der zeitgenössischen Debatte ein ausgesprochener „Kampfbegriff" der Kritiker, heutzutage aber auch ein „wertneutraler, analytischer Begriff"[35] –, genauer:

---

33 Pollack, Einleitung (wie Anm. 29), S. 14 f.
34 A. a. O., 19 f.

eine Linkspolitisierung in der evangelischen Kirche, die durch die aufkommenden neuen sozialen Bewegungen in den kommenden Jahrzehnten stark befeuert und teilweise auch radikalisiert wurde und auf heftige Widerstände stieß. Die Hinwendung von profilierten Protestanten – Frauen waren zunächst kaum unter den tonangebenden bzw. bekannten Personen – zur SPD wurde ermöglicht durch deren Zugehen auf bürgerliche Gesellschaftsschichten und deren oben schon erwähnte Abwendung von der atheistischen marxistischen Ideologie Ende der 1950er Jahre.

Bei den Auseinandersetzungen um den richtigen Kurs der Kirche kam es bisweilen zu einer Verschränkung von theologischen und politischen Argumenten, die zumindest auf den ersten Blick nicht unbedingt zwingend erscheint. So arbeiteten sich die politisch Konservativen in der Regel auch an der Existentialtheologie Rudolf Bultmanns ab, obwohl dieser selbst politisch eher abstinent bzw. liberal-konservativ war und wie jene vor einer expliziten Politisierung der Kirche warnte. Im Übrigen beriefen sich die Akteure der Linkspolitisierung zumeist auf den radikalen, sogenannten „dahlemitischen" Flügel der Bekennenden Kirche und insbesondere auf die von Barth vertretene politische Ethik der „Königsherrschaft Christi", die sich nicht nur auf den religiös-kirchlichen Bereich der Christengemeinde, sondern auch auf die Bürgergemeinde, also auf die gesamte Gesellschaft bezog und im Namen Jesu Christi vehement ein weitreichendes politisches

---

35 Claudia Lepp, Einleitung, in: Klaus Fitschen/Siegfried Hermle/Katharina Kunter/Claudia Lepp/Antje Roggenkamp-Kaufmann (Hg.), Die Politisierung des Protestantismus. Entwicklungen in der Bundesrepublik Deutschland während der 1960er und 70er Jahre (AKZG B 52), Göttingen 2011, S. 11–24, hier: 20.

Wächteramt reklamierte. Dezidiert wandte man sich gegen die traditionelle lutherische sogenannte „Zwei-Reiche-Lehre", der man politische Blindheit und mehr noch eine systemstabilisierende stillschweigende Zustimmung zur bestehenden Ordnung, einschließlich ihrer sozialen Ungerechtigkeiten und Ungleichheiten, vorwarf. Später kamen noch neue dezidiert politische theologische Entwürfe dazu, die in Deutschland vor allem mit den Namen des seit 1967 in Tübingen lehrenden Theologen Jürgen Moltmann und der bis 1975 in Köln als Germanistin und anschließend in New York als Theologin lehrenden Dorothee Sölle, einer habilitierten Literaturwissenschaftlerin, verbunden waren, katholischerseits mit der Befreiungstheologie des Münsteraner Theologen Johann Baptist Metz, die sich auch in evangelischen Kreisen zunehmender Beliebtheit erfreute.

Insbesondere im Zusammenhang mit dem „Prager Frühling" und dessen gewaltsamer Niederschlagung 1968 kam es auch in der DDR zu einer Politisierung kirchlicher Gruppen und Milieus. Daraus entwickelte sich später wie im Westen eine neue – allerdings deutlich weniger Marxismus-affine – soziale Protestbewegung, die sich auf Themen wie Wehrdienstverweigerung und Frieden (Aktion „Schwerter zu Pflugscharen"), Demokratie und Ökologie bezog. Diese fand fast ausschließlich in der Kirche – die als einzige Institution über gewisse demokratische Strukturen verfügte – Freiräume und zudem buchstäblich Räume, in denen man sich treffen, sich austauschen und seine Anliegen artikulieren konnte. Auch Sammlungen von schwer zugänglichem oder sogar verbotenem Schrifttum fanden hier ihren Platz, wie z. B. die Umweltbibliothek in der Ost-Berliner Zionsgemeinde. Teilweise waren es kirchliche Gruppen, die aktiv wurden – zu nennen sind vor allem die Junge Gemeinde, die Studentengemeinden und die auch in der DDR, wenn auch nur regional begrenzt, veranstalteten Kirchentage –, teilweise aber auch kirchliche Randsiedler sowie Außenstehende, die notgedrungen den Schutz der Kirche suchten. In der Kirche griff man die neuen Initiativen, die sich plötzlich für die Kirche interessierten, einerseits gerne auf, sofern man nicht ohnehin mit zu den Initiatorinnen und Initiatoren gehörte, andererseits gab es aber auch Befürchtungen, dass die genuin kirchlichen Anliegen überfremdet werden könnten und der Staat mit repressiven Maßnahmen reagieren könnte. Diese Befürchtungen wurden in den 1980er Jahren größer, als zunehmend Ausreisewillige den Schutzraum der Kirche suchten, zumal in den Kirchen die Meinung vorherrschte, es sei christlich geboten, dort zu wirken, wo Gott eine jede oder einen jeden hingestellt habe. Der Zusammenbruch der DDR 1989 ist zwar nur multikausal zu erklären, aber insbesondere die evangelische Kirche hatte zumindest ihren Anteil daran. Horst Sindermann, der Präsident der „Volkskammer", des Scheinparlaments der DDR, wird der Satz zugeschrieben: „Wir hatten mit allem gerechnet – nur nicht mit Kerzen und Gebeten."[36]

Es verwundert nicht, dass im Westen Deutschlands im Umfeld der „68er"-Studentenbewegung die Evangelische Studentengemeinde (ESG) zur Avantgarde der Linkspolitisierung wurde, von der nun auch angehende Pfarrer und – nach der sukzessiven Einführung der Frauenordination ab dieser Zeit – Pfarrerinnen stark erfasst wurden. Auch in den Ortsgemeinden entstanden jetzt überall „Dritte Welt"-, Friedens- und

---

36 Hermann Geyer, Christian Führer. Nicolaikirche – offen für alle!, in: Siegfried Hermle/Thomas Martin Schneider (Hg.), Protestantische Impulse. Prägende Gestalten in Deutschland nach 1945 (CuZ 8), Leipzig 2021, S. 36–43, hier: 41.

Umweltgruppen, die teilweise die traditionellen Bibelkreise verdrängten und Impulse der neuen sozialen Bewegungen und der „68er" aufgriffen. Vielfach wollte man es nicht bei Diskussionen belassen, sondern drängte zur politischen Aktion. Pfarrer (zunächst waren es ganz überwiegend Männer), die sich im Talar mit Protestplakaten und Megaphonen an Demonstrationen beteiligten, wurden zu einprägsamen Motiven der Pressefotografinnen und -fotografen und Kameraleute und vermittelten einer breiten, weit über die eigene Klientel hinausreichenden Öffentlichkeit ikonographisch den Wandel in der evangelischen Kirche. Dieser Wandel zeigte sich dann in besonderer Weise auch bei den Kirchentagen, die sich verstärkt allgemeiner gesellschaftlicher Themen und Probleme annahmen, unterschiedlichen Gruppen und Initiativen auf dem „Markt der Möglichkeiten" Raum zur Selbstdarstellung und Werbung für sich und ihre Anliegen boten und stark wachsende Zahlen vor allem jugendlicher Teilnehmender zu verzeichnen hatten.

Zum Symbol für die Politisierung der Kirche wurde nicht zuletzt das „Politische Nachtgebet"[37], das von 1968 bis 1973 von einem ökumenischen Arbeitskreis in der evangelischen Antoniterkirche in Köln veranstaltet wurde und maßgeblich zur Prominenz Dorothee Sölles beitrug. Sie suchte ausdrücklich das Gespräch mit Marxistinnen und Marxisten, die sie als Bündnispartner im Kampf für eine gerechte, friedvolle Welt ansah. In ihrer programmatischen Schrift mit dem provokanten Titel „Atheistisch an Gott glauben" aus dem symbolträchtigen Jahr 1968 war sie bereit, dafür die Gottesfrage einstweilen gewissermaßen zu suspendieren, um sich ganz

---

37 Vgl. hierzu Peter Cornehl, Dorothee Sölle, das „Politische Nachtgebet" und die Folgen, in: Hermle/Lepp/Oelke, Umbrüche (wie Anm. 26), S. 265–284.

auf den Menschen und seine Verhältnisse konzentrieren zu können. Die paradoxe Formulierung „atheistisch an Gott glauben" definierte Sölle wie folgt:

„Glauben [wird] hier als eine Art Leben verstanden, das ohne die supranaturale, überweltliche Vorstellung eines himmlischen Wesens auskommt, ohne die Beruhigung und den Trost, den eine solche Vorstellung schenken kann: eine Art Leben also ohne metaphysischen Vorteil vor den Nicht-Christen, in dem trotzdem an der Sache Jesu in der Welt festgehalten wird."[38]

Der kritischen Anfrage, ob sich damit nicht das Christentum in Ethik und Anthropologie bzw. reinen Humanismus auflöse, begegnete sie, ohne Zweifel wiederum bewusst provokativ, mit steilen Thesen wie: „Die Antwort auf die Frage muß heißen: Ja, das tut es heute wie vor 2000 Jahren."[39] oder: „Die Auflösung des metaphysischen Glaubens ist seine säkulare Realisation."[40] Immerhin räumte Sölle ein, dass die, wie sie es nannte, „Elemente" des Glaubens „aber dennoch einen gewissen Überschuß gegenüber bloßen Verhaltensregeln" enthielten. Diesen „Überschuß" bezeichnete sie letztlich als die „Utopie vom wirklichen Leben, die Christus in der Bergpredigt entwarf"[41]. Das „utopische" Potential der christlichen Tradition erklärte wohl auch Sölles Wiederentdeckung der Mystik, der sich die Literaturwissenschaftlerin in zahlreichen poetischen Texten annäherte, in denen sie ihr sozialrevolutionäres politisches Engagement mit spirituellen Ausdrucksformen und Praktiken zu verbinden suchte. Wie umstritten

38 Dorothee Sölle, Atheistisch an Gott glauben. Beiträge zur Theologie, München 1968, S. 79.
39 A. a. O., S. 86
40 A. a. O., S. 92.
41 A. a. O., S. 93.

die (Links-)Politisierung in der Kirche zunächst war und dass sie insbesondere die Ebene selbst relativ progressiver Kirchenleitungen lange Zeit kaum erfasste, zeigte die Reaktion des rheinischen Präses Joachim Beckmann auf die „Politischen Nachtgebete". Beckmann, ein führender Vertreter der Bekennenden Kirche in der Zeit des Nationalsozialismus und ein erklärter Unterstützer der Ostpolitik Willy Brandts, bezeichnete sie als klar häretisch und verglich sie sogar mit dem politischen Agieren der nationalsozialistischen DC. Das änderte sich deutlich ab den 1980er Jahren. So verzieren inzwischen die Porträts von Sölle und Beckmann gleichermaßen in großem Format Betonwände im Landeskirchenamt der Evangelischen Kirche im Rheinland in Düsseldorf, wobei die Würdigung Beckmanns zweifellos mehr seinem bekenntniskirchlichen Engagement im Nationalsozialismus als seinem Wirken als Präses nach 1945 gilt. Die konservative Hierarchie der katholischen Kirche reagierte übrigens mit rigorosen Verboten auf die „Politischen Nachtgebete". Das war schon der Grund dafür gewesen, warum sie im ganz überwiegend katholischen Köln nicht, wie ursprünglich vorgesehen, in einer katholischen Kirche, sondern in der evangelischen Antoniterkirche stattfanden.

Die Linkspolitisierung im Westen fand eine gewisse Entsprechung in der DDR, hier allerdings unter völlig anderen Rahmenbedingungen. Unter massivem staatlichem Druck hatten sich die Landeskirchen in der DDR 1969 von der EKD getrennt und zum Bund der Evangelischen Kirchen in der DDR (BEK) zusammengeschlossen. Angesichts des von den kirchenfeindlichen DDR-Machthabern permanent geäußerten Verdachts, die DDR-Landeskirchen seien letztlich nichts weiter als Agenten der als NATO-Kirche diffamierten EKD, begaben diese sich überwiegend auf die schwierige und meistens schlicht pragmatisch motivierte Gratwanderung zwischen Selbstbehauptung und Anpassung. Diese Gratwanderung fand ihren Ausdruck in der mehrdeutigen Formel von der „Kirche im Sozialismus". Der Erfurter Propst Heino Falcke versuchte in einem viel beachteten Referat auf der Dresdner Synode des BEK 1972, diese Formel mit Inhalt zu füllen. Trotz mancher Kritik an der DDR-Diktatur und ihrem Grenzregime bot er unter Bezugnahme auf das Schlagwort Dietrich Bonhoeffers von der „Kirche für andere" die mündige Mitverantwortung und -arbeit der Christen in der sozialistischen Gesellschaft an und plädierte letztlich für einen „verbesserlichen Sozialismus"[42].

Auch wenn Falcke explizit einen „dritten Weg" zwischen real existierendem Sozialismus und westlicher freiheitlicher Demokratie ablehnte, wurde sein Vortrag von den DDR-Oberen offenbar genau in diesem Sinne, nämlich im Sinne eines Plädoyers für einen „dritten Weg", verstanden. Nach den Erfahrungen mit dem „Prager Frühling", dessen Motto ein „Sozialismus mit menschlichem Antlitz" gewesen war, hatte das DDR-Regime aber wohl mehr Furcht vor Reformern in den eigenen Reihen als vor offener Opposition. Falckes Vortrag durfte daher in der DDR nie veröffentlicht werden. Die Verweigerung jeglicher, auch grundsätzlich systemimmanenter Reformen hat sicherlich zur Desillusionierung auch vieler Christen in der DDR beigetragen. Im Westen dagegen träumten viele Linksprotestantinnen und -protestanten noch lange Zeit den Traum von einem demokratischen Sozialismus und einem goldenen Mittelweg zwischen den verfeindeten Blöcken.

---

42 KTGQ V (1999), S. 280–289, hier: 286.

Freilich gab es in der DDR auch regimetreue kirchliche bzw. theologische Gruppierungen wie den 1958 gegründeten „Weißenseer Arbeitskreis", die im selben Jahr in Prag ins Leben gerufene „Christliche Friedenskonferenz", deren DDR-Regionalausschuss systematisch von der SED und dem Ministerium für Staatssicherheit (Stasi) gesteuert wurde, oder auch Teile der Theologischen Fakultät (ab 1971: „Sektion Theologie") der Berliner Humboldt-Universität um das Theologenehepaar Hanfried Müller und Rosemarie Müller-Streisand, die mit der Stasi zusammenarbeiteten, sich bis zur Selbstverleugnung anbiederten und dabei sogar ausdrücklich die Diskriminierung von Christen rechtfertigten, die sie persönlich freilich nicht betraf. Die allermeisten Christen in der DDR beschritten allerdings *nolens volens* den oben beschriebenen pragmatischen Weg zwischen Selbstbehauptung und mehr oder weniger erzwungener Anpassung. Jedoch gab es auch Christen, die den erklärtermaßen atheistischen Weltanschauungsstaat als antichristlich rundweg ablehnten. Der Pfarrer von Rippicha (Kreis Zeitz), Oskar Brüsewitz, wurde zur Symbolfigur derer, die jegliche Kompromisse mit dem herrschenden Regime als Verrat am Evangelium ansahen. Brüsewitz, pietistisch geprägt, lieferte sich mit Staat und Partei, die zunehmend repressive Maßnahmen gegen ihn ergriffen, einen regelrechten propagandistischen Weltanschauungskrieg. Viel zitiert wurde seine originell-witzige Entgegnung auf den SED-Slogan: „Ohne Gott und Sonnenschein fahren wir die Ernte ein!" Auf kirchlichem Grundstück stellte er dagegen ein selbstgemaltes Plakat auf mit dem Reim: „Ohne Regen, ohne Gott geht die ganze Welt

---

43 Sylvia Conradt, Signal aus Zeitz, 18.08.2006 (https://www.deutschlandfunk.de/signal-aus-zeitz-100.html – Zugriff: 07.09.2022).

bankrott!"[43] Auf Dauer aber scheinen ihn diese Auseinandersetzungen und der aus seiner Sicht allzu kompromissbereite Kurs seiner Kirche so sehr zermürbt zu haben, dass er sich im August 1976 in Zeitz selbst verbrannte – ein die DDR anklagendes symbolisches Opfer und Fanal, das eine große Wirkung erzeugte.

Vor allem in der westdeutschen Volkskirche führte die Linkspolitisierung zu einer Gegenreaktion, für die sich der Begriff „Evangelikale" durchsetzte. Das war eine für die evangelische Kirchengeschichte wohl ganz typische Entwicklung, denn diese zeichnete sich von jeher durch das Wechselspiel zweier gegensätzlicher Tendenzen bzw. Bewegungen aus. Man denke nur an die Antagonismen zwischen Lutheranern und Calvinisten, Orthodoxen und Pietisten, Befürwortern der Union und Konfessionalisten, Konservativen und Liberalen, Kulturprotestanten und Anhängern der Dialektischen Theologie. Der evangelikale Protest hatte sich, wie schon erwähnt, zunächst an der Theologie Bultmanns, und hier insbesondere an dessen Entmythologisierungsprogramm entzündet, während man die konstruktive Seite von Bultmanns Theologie, die existentiale Theologie, meist mehr oder weniger ignorierte. Schon bald aber richtete sich der Protest insbesondere gegen die Linkspolitisierung der Kirche. Das 1976 in hoher Auflage erschienene „Rotbuch Kirche" warnte bereits in der Einleitung vor einer

„Gefährdung der christlichen Verkündigung, wenn Kommunisten auf Kanzeln predigen, wenn katechetische Ämter statt christlicher Unterweisung nebenbei auch neomarxistisches Gedankengut in den Religions- und Konfirmandenunterricht einschleusen, wenn Evangelische Studentengemeinden (ESG) zu beliebten Tummelplätzen der Linksradikalen werden, wenn sich kirchliche Presseorgane und evangelische Akademien in zunehmendem Maße von linken Ideologen beeinflussen lassen, wenn kirchenleitende Kreise mit seismographischer Empfindlichkeit Vorgänge in Südafrika registrieren, aber die ständige Verletzung der Menschenrechte in unzählig vielen anderen Ländern der Erde – z. B. im Ostblock – nicht annähernd mit der gleichen Anteilnahme verfolgen"[44].

Der evangelikale Protest lässt sich theologiegeschichtlich einordnen in den breiten Strom konservativ-antiliberaler Richtungen seit der Aufklärung, der von den Altpietisten über die Erweckungsbewegung, das Neuluthertum, die Anhänger der „Positiven Union" und die Lutherrenaissance bis hin zu weiten Teilen der Dialektischen Theologie reichte und zudem viele Impulse aus Nordamerika aufgriff. Nach ihrem Selbstverständnis knüpften die Evangelikalen vor allem aber an den „Kirchenkampf" der Bekennenden Kirche gegen die politische Theologie der DC an. Hier offenbarte sich ein Kampf um die Deutung des Nationalsozialismus und die Lehren, die man aus seiner Geschichte ziehen müsse, denn der Nationalsozialismus war gewissermaßen auch der Dreh- und Angelpunkt des Linksprotestantismus, dem es um eine „Theologie nach Auschwitz" und um ein „politisches Wächteramt" angesichts der „moralischen Katastrophe" des „Dritten Reiches" ging. Eine Verständigung zwischen Linksprotestantismus und Evangelikalismus war nicht möglich, weil man sich gegenseitig verdächtigte, nichts aus der Geschichte gelernt zu haben. Ab den 1970er Jahren wurden konsequent auf allen Ebenen, insbesondere auch in den Bereichen Öffentlichkeitsarbeit, Ausbildung und Entwicklungshilfe, evangelikale Parallelstrukturen zu den bestehenden kirchlichen Strukturen aufgebaut. Als Alternative zu den zunehmend als anstößig empfundenen Kirchentagen wur-

---

44 Jens Motschmann/Helmut Matthies (Hg.), Rotbuch Kirche, Stuttgart 1976, S. 8.

den ab 1973 „Gemeindetage unter dem Wort" veranstaltet. Dass die Kirche nicht auseinanderbrach und die Evangelikalen sich nicht von der EKD abspalteten, wird wohl auch am Kirchensteuersystem gelegen haben. Zudem hatten viele Evangelikale traditionell eine enge Kirchenbindung.

Trotz kritischer Anfragen maß die Kirchenhistorikerin Gisa Bauer in ihrem Standardwerk der evangelikalen Bewegung „eine hohe Bedeutung" dafür bei, dass sich die Kirche als ganze „als ein in hohem Grade vitales, zu Ausdifferenzierung und Ausbalancierung divergierender Teilbereiche fähiges sowie im gesamtgesellschaftlichen System sicher verankertes Subsystem der Gesellschaft" erwiesen habe.[45] Man kann aber auch fragen, ob nicht die Polarisierung in der Kirche zwischen Linksprotestanten und Evangelikalen zur Erosion der volkskirchlichen Mitte beitrug, die sich weder mit der einen noch mit der anderen Seite identifizieren konnte und wollte.

Von regionalen Ausnahmen, wie z. B. Teilen des traditionell pietistisch geprägten Württemberg, abgesehen, dominierte in der Pfarrerschaft und nach und nach in der evangelischen Führungsriege seit etwa 1980 eine Affinität zur SPD und dann noch stärker zu der neuen Partei „Die Grünen", während man bis dahin überwiegend zumeist mit CDU bzw. CSU sympathisiert, zugleich ein direktes parteipolitisches Engagement aber oft vermieden und sich vornehmlich geistlich-kirchlichen Aufgaben gewidmet hatte. Damit verbunden war nunmehr auch ein explizites politisches Engagement – im Unterschied zu einem bis dahin eher impliziten

---

45 Gisa Bauer, Evangelikale Bewegung und evangelische Kirche in der Bundesrepublik Deutschland. Geschichte eines Grundsatzkonfliktes (1945 bis 1989) (AKZG B 53), Göttingen 2012, S. 674.

bürgerlich-konservativen bzw. vermeintlich unpolitischen, tatsächlich aber politisch affirmativen Verhalten. Hauschild beschrieb diese Trendwende so:

> „auch in der Kirche [sollte] der Gesellschaftsbezug allen Denkens und Handelns die erstrebte Relevanz von Religion erweisen ... Politische Probleme wurden somit zu einer das Christentum unmittelbar betreffenden Sache. ... Die grundsätzliche Bedeutung zeigte sich daran, dass seitdem innerhalb der evangelischen Kirche auf breiter Basis und intensiv die politischen Lebensprobleme durch eine religiöse Qualifizierung gewissermaßen als Glaubensfragen behandelt wurden. ... Es ist deutlich geworden, dass ethisch-politische Fragen im Bewusstsein von Gemeinden und Pfarrerschaft die traditionellen dogmatischen Probleme fast völlig überlagert haben. ... die zunehmende Politisierung der kirchlichen Arbeit ... wirkte sich langfristig darin aus, dass seit etwa 1980 solche politischen Themen, welche Lebensfragen der Menschen betreffen, als Aufgabe für die Christenheit vehement wahrgenommen wurden – teilweise mit der Konsequenz, dass das christliche Proprium nicht mehr oder kaum noch erkennbar war."[46]

Die SPD war im Jahre 1980 bereits 14 Jahre lang an der Regierung beteiligt und hatte diese davon 11 Jahre lang angeführt. Die Aufbruchstimmung zur Zeit des ersten sozialdemokratischen Bundeskanzlers Willy Brandt, der unter dem Motto „Mehr Demokratie wagen!" zahlreiche Reformen auf den Weg gebracht und die Entspannungspolitik mit den Staaten des Ostblocks eingeleitet hatte, war unter seinem pragmatischen Nachfolger Helmut Schmidt[47], der sich der Verantwortungsethik Max Webers verpflichtet fühlte und in seiner

---

46 Wolf-Dieter Hauschild, Kontinuität im Wandel. Die Evangelische Kirche in Deutschland und die sog. 68er Bewegung, in: Bernd Hey/Volkmar Wittmütz (Hg.), 1968 und die Kirchen, Bielefeld 2008, S. 35–54, hier: 46.

47 Zum Folgenden vgl. Thomas Martin Schneider, Helmut Schmidt. Zwischen Johann Sebastian Bach und Max Weber, in: Hermle/Schneider, Impulse (wie Anm. 36), S. 133–140.

Amtszeit u. a. mit einer Wirtschaftsrezession und der sich 1977 zuspitzenden Terrorismuskrise zu kämpfen hatte, verflogen. Als Schmidt dann als Antwort auf die sowjetische Aufrüstung mit neuen atomaren Mittelstreckenraketen auf den sogenannten NATO-Doppelbeschluss drängte, der für den Fall, dass die sowjetische Führung nicht auf die neuen Raketen verzichtete, ebenfalls eine Aufrüstung mit entsprechenden Raketen vorsah, verlor er den Rückhalt in seiner Partei und es kam zur Gründung der grünen Partei als einem Sammelbecken der neuen sozialen Protestbewegung, in dem auch zahlreiche Protestantinnen und -protestanten ihre neue politische Heimat fanden. Die heftige Kritik gerade auch von Seiten christlicher Friedensgruppen an seiner Politik traf Schmidt auch persönlich, da er sich immer als evangelischer Christ und christlicher Politiker verstanden und sich sogar als Synodaler in der Hamburger Landeskirche engagiert hatte. Der damalige EKD-Ratsvorsitzende Eduard Lohse, mit dem Schmidt befreundet war, hatte ihn sogar in seiner Entscheidung für den Doppelbeschluss bestärkt. Ein fundamentalistisches Verständnis der Bergpredigt im Sinne einer konkreten politischen Handlungsanweisung lehnte Schmidt als Lutheraner ebenso ab wie die politisch-theologischen Utopien Sölles und ihrer Weggefährtinnen und -gefährten; viel zitiert wird bis heute Schmidts Ausspruch: „Wer Visionen hat, soll zum Arzt gehen." Bereits in seinem 1976 erschienenen Buch „Als Christ in der politischen Entscheidung" hatte Schmidt sich deutlich gegen eine Politisierung bzw. eine bestimmte politische Positionierung der Kirche ausgesprochen: „Wenn es richtig wäre, wie manche uns glauben machen wollen, daß der Zielsetzung des Christentums nur eine einzige politische Meinung entspräche, dann hinge die Möglichkeit, Christ zu sein, davon ab, sich in der Politik nicht zu irren."[48] Als die

Kanzlerschaft Schmidts 1982 durch ein konstruktives Miss-
trauensvotum jäh beendet wurde, hatte er auch den Rückhalt
in weiten Teilen der eigenen Partei verloren. Viele Sozialdemokraten sowie deren Wählerinnen und Wähler wandten
sich jetzt zudem der neuen, damals noch streng pazifistischen grünen Partei zu. Schmidts christdemokratischer Nachfolger Helmut Kohl führte dann dessen sicherheitspoliti-
schen Kurs konsequent fort und konnte sich durch seinen
deutlichen Wahlsieg bei der Bundestagswahl 1983 in diesem
Kurs bestätigt fühlen. Bei dem ganz überwiegend jugendlichen Kirchentagspublikum stieß der als provinziell und altbacken geltende Kohl mit seinem breiten Pfälzer Dialekt und
seiner Vorliebe für Saumagen indes auf heftige Ablehnung.
Das wurde wohl nirgendwo so deutlich wie bei der Ab-
schlusskundgebung des Kirchentags 1987 im Fußballstadion
von Frankfurt am Main. Dort verwandelten tausende lila Tü-
cher mit der Aufschrift: „Umkehr zum Leben – Die Zeit ist da
für ein Nein ohne jedes Ja zu Massenvernichtungswaffen" das
Stadion in ein lila Meer, und als ein Kirchentagssprecher den
praktizierenden Katholiken Kohl eigens als Ehrengast begrüßte, wurde dieser mit einem gellenden Pfeifkonzert und
Buhrufen bedacht.

Ich selbst saß 1987 übrigens ebenfalls in dem Frankfurter
Fußballstadion. Als ehemaliger Zivildienstleistender besaß
ich natürlich auch das lila Tuch und war alles andere als ein
Sympathisant von Helmut Kohl und seiner Regierung. Dennoch empfand ich es als einen groben Verstoß gegen fun-
damentale Umgangsformen, einen eingeladenen Ehrengast,
demokratisch gewählten Regierungschef und katholischen

---

48 Helmut Schmidt, Als Christ in der politischen Entscheidung, Gütersloh
1976, S. 63.

Mitchristen derart zu behandeln. Mehr noch stieß es mich ab, Teil einer anonymen Menschenmasse zu sein, die sich an ihrer vermeintlichen moralischen Überlegenheit wechselseitig geradezu euphorisch berauschte. Ich habe das lila Tuch in diesem Moment abgenommen und in den Rucksack gesteckt.

II Skizzen zu einer Kirchengeschichte unserer Zeit

Die folgenden Beobachtungen zur Kirchengeschichte unserer Zeit beziehen sich auf ganz unterschiedliche Aspekte, über deren Auswahl und Reihenfolge man natürlich lange streiten könnte. Vermutlich wird es kaum Leserinnen und Leser geben, die nicht den einen oder anderen Aspekt vermissen oder die sich umgekehrt fragen, ob die ausgewählten Aspekte wirklich alle so relevant sind. Die Punkte beziehen sich in der Tat auf Gewichtiges, weniger Gewichtiges und teilweise auch auf eher Banales. Bestimmt werden nicht alle Punkte später in einer Kirchengeschichtsdarstellung unserer Zeit Berücksichtigung finden. Die Auswahl ist subjektiv und sicher spielen etwa regionale Besonderheiten eine Rolle. Die Idee war es, ein buntes Kaleidoskop gegenwärtigen kirchlichen Lebens zu skizzieren. Die höchst unterschiedlichen Formen, Farben und Facetten lassen allerdings, so mein Eindruck, eine gemeinsame Tendenz erkennen, die am Ende eines jeden Punktes in zugespitzter Form thesenartig oder als Frage zur Diskussion gestellt wird.

Wenn der Berg ins Rutschen gerät: Erosion der Volkskirche

Eine Kirchengeschichte unserer Zeit muss sich vor allem mit dem Problem der geradezu erdrutschartigen Erosion der Volkskirche auseinandersetzen.[49] In meiner Kindheit und Ju-

---

49 Zum ganzen Abschnitt vgl. Schneider, Zeitgeschichte (wie Anm. 1), Sp. 18 f.

gend im Ruhrgebiet wurde ich Ende der 1960er bis Anfang der 1980er Jahre noch ganz selbstverständlich volkskirchlich-evangelisch sozialisiert. Sonntags ging ich mit meinen Geschwistern in den Kindergottesdienst, wo wir die Nachbarskinder und unsere Klassenkameradinnen und -kameraden trafen und nach unserem Alter in verschiedene Gruppen aufgeteilt wurden. Später, ab dem zweiten Jahr des kirchlichen Unterrichts, gingen wir sonntags mit den Eltern in den „großen" Gottesdienst. Der war so gut besucht, dass das – freilich auch schon in die Jahre gekommene – Gemeindezentrum zu klein wurde und 1977 durch ein funktionales modernes ersetzt wurde, in dem der eigentliche Kirchraum wegen der Menge der Kirchgängerinnen und Kirchgänger regelmäßig auch an „normalen" Sonntagen durch das Öffnen einer Schiebewand um den danebenliegenden Gemeindesaal vergrößert werden musste. In meiner Klasse gab es nur evangelische oder – etwas weniger – katholische Kinder. In der dritten Klasse stießen dann zwei Zugezogene zu uns: ein orthodoxes Kind aus dem damaligen Jugoslawien und ein konfessionsloses Kind aus einem anderen Bundesland. Im Katechumenen- und Konfirmandenunterricht trafen wir unsere Klassenkameraden aus der Grundschule, die nach der Grundschulzeit auf verschiedene weiterführende Schulen gewechselt waren, wieder. Nach der Konfirmation gingen zwar nicht alle, aber doch viele freitagabends in den Jugendkreis und noch mehr sonntagabends in die Teestube. Dort vergnügte man sich, spielte, feierte, flirtete, aber es war selbstverständlich, dass immer auch fromme Lieder („Sakropops") zur Gitarre gesungen wurden, dass es einen – oft von den Jugendlichen selbst gestalteten – geistlichen Impuls oder eine Andacht gab, dass wir mit dem Pastor über die Bibel, über Gott und die Welt diskutierten. Sonntagvormittags traf man sich im Gottesdienst, den wir Jugendlichen häufig mitgestalteten und in dem wir, abseits der Eltern, die hinteren Stuhlreihen besetzten. Nicht wenige Jugendliche arbeiteten auch sonst in der Gemeinde aktiv mit, vor allem im Kindergottesdienst oder bei der Kinderbibelwoche in den Herbstferien, an der regelmäßig über hundert Kinder teilnahmen. Unser Pastor war über den zweiten Bildungsweg in sein Amt gelangt. Er war sicher kein gelehrter Theologe, aber mit seiner offenen, mild-pietistischen Art sehr authentisch. Man mochte und respektierte ihn und vor allem kannte man ihn, weil er regelmäßig seine Gemeinde durchbesuchte und wusste, wo welcher Schuh drückt.

Wenn ich an diese Zeit zurückdenke und mit dem vergleiche, was ich heute in den Gemeinden erlebe, dann wird mir bewusst, wie groß der Traditionsabbruch der vergangenen Jahrzehnte ist. Nicht einmal drei Jahrzehnte nach seiner Einweihung wurde das Gemeindezentrum meiner Jugend bereits wieder entwidmet. Zweifellos: Der Mensch neigt dazu, die Vergangenheit zu verklären, und mit zunehmendem Lebensalter muss man sich immer wieder klar machen, dass sich die Zeiten ändern – und wir mit ihnen – und dass sich die Zeit nicht zurückdrehen lässt. Zu meiner volkskirchlich-evangelischen Sozialisation gehörte auch, dass man nicht viel „Gewese" um den Glauben machte. Zur Schau getragene Frömmeleien waren verpönt. Unsere Mutter betete mit den Kindern beim Zu-Bett-Gehen ein kurzes Nachtgebet und sonntags, wenn die Familie, oft erweitert durch Großeltern, Großtanten und -onkel, zum Mittagessen versammelt war, wurde ein kurzes Tischgebet gesprochen. Wenn jemand aus der Familie Geburtstag hatte, wurde der Choral „Lobe den Herren, den mächtigen König der Ehren" angestimmt. Das war eigentlich schon die ganze Praxis pietatis, aber Kirche und Glaube gehörten zum Leben wie die weiß leuchtenden Hauben der Diakonissen zum Stadtbild, etwa beim Wochenmarkt am Samstag. In der Rückschau frage ich mich: Wann eigentlich genau kam es zu dem Traditionsabbruch, den wir heute erleben? Es war wohl zunächst ein schleichender Prozess, ein allmähliches Abbröckeln. Irgendwann aber scheint dann der ganze Berg ins Rutschen gekommen zu sein.

Die Mitgliederzahl der EKD-Gliedkirchen ist von 1990 bis 2021 von knapp 29,5 Millionen auf gut 19,7 Millionen, der Anteil an der Gesamtbevölkerung von knapp 37 % auf knapp 24 % gesunken.[50] Das entspricht also einem Rückgang von gut einem Drittel innerhalb von 31 Jahren oder gut einer Generation. Noch dramatischer erscheint die Entwicklung, wenn man den Zeitraum der letzten zwei Generationen seit etwa 1970 betrachtet, als der Anteil der Protestanten in Deutschland mehr als doppelt so hoch war wie heute. Im Frühjahr 2022 vermeldeten die Medien, dass erstmals weniger als die Hälfte der deutschen Bevölkerung noch Mitglied einer der beiden christlichen Großkirchen sei.[51] In einem aktuellen Positionspapier der Kirchenleitung der Evangelischen Kir-

---

50 Vgl. Joachim Eicken/Ansgar Schmitz-Veltin, Die Entwicklung der Kirchenmitglieder in Deutschland. Statistische Anmerkungen zu Umfang und Ursachen des Mitgliederrückgangs in den beiden christlichen Volkskirchen, in: Statistisches Bundesamt. Wirtschaft und Statistik 6/2010, S. 576–589 (auch online: https://www.destatis.de/DE/Methoden/WISTA-Wirtschaft-und-Statistik/2010/06/entwicklung-kirchenmitglieder-062010.pdf?_blob=publicationFile – Zugriff: 07.09.2022) sowie die EKD-Statistik vom Juni 2020: Kirchenmitgliederzahlen Stand 31.12.2019 – Kurztabellen –: https://www.ekd.de/kirchenmitgliederzahlen-downloads-44413.htm (Zugriff: 07.09.2022).

51 Vgl. etwa: Kirchenmitglieder sind nur noch eine Minderheit in Deutschland, in: Spiegel Panorama vom 12.04.2022 (https://www.spiegel.de/panorama/gesellschaft/kirche-katholisch-oder-evangelisch-nicht-einmal-mehr-

che im Rheinland heißt es: „Wir verlieren als Landeskirche alle zehn Jahre ungefähr 300.000–400.000 Mitglieder. Umgerechnet auf Gemeinden heißt das pro Jahr etwa 15–20 Gemeinden à 2000 Mitglieder."[52] Und die rheinische Landeskirche ist nur eine von zwanzig deutschen Landeskirchen, wenn auch die zweitgrößte. Noch eine andere Zahl: Vor etwa hundert Jahren waren knapp zwei Drittel der deutschen Bevölkerung evangelisch, heute sind es nicht einmal mehr ein Viertel. Selbst in der – zu ihrem Beginn allerdings noch ganz überwiegend evangelischen – religions- und kirchenfeindlichen DDR lag der Anteil der Protestanten 1988, also kurz vor dem Ende ihres Bestehens, dem Kirchenhistoriker Peter Maser zufolge immerhin noch bei knapp 40 %.[53] War die Kirchlichkeit in den meisten evangelischen Gebieten Deutschlands – wie auch Westeuropas – ohnehin schon traditionell schwach ausgeprägt gewesen, so ist etwa der Gottesdienstbesuch in den letzten Jahrzehnten noch einmal stark zurückgegangen und das hohe Durchschnittsalter der Besucherinnen und Besucher weiter gestiegen.

Es gibt allerdings zum Teil erhebliche regionale Unterschiede, insbesondere zwischen städtischen und ländlichen Regionen. Insgesamt besuchen deutlich weniger als 4 % der immer weniger werdenden evangelischen Kirchenmitglieder heute den Gottesdienst.[54] Selbst an Heiligabend 2018 nahmen

---

die-haelfte-in-deutschland-a-274e0475-fc22-4504-a8ca-963924a40651 – Zugriff: 07.09.2022).

52 E.K.I.R. 2030. Wir gestalten „evangelisch rheinisch" zukunftsfähig. Ein Positionspapier der Kirchenleitung der Evangelischen Kirche im Rheinland, S. 2 (vgl. https://landessynode.ekir.de/beitrag/e-k-i-r-2030-wir-gestalten-evangelisch-rheinisch-zukunftsfaehig – Zugriff: 07.09.2022).

53 Vgl. Peter Maser, Glauben im Sozialismus. Kirchen und Religionsgemeinschaften in der DDR, Berlin 1989, S. 13–20.

64

nur ca. 8 Millionen Menschen an einem evangelischen Gottesdienst teil, also weniger als 40 % der Kirchenmitglieder, wobei in der EKD-Statistik sogar noch darauf hingewiesen wird, dass unter den ca. 8 Millionen „nicht nur Kirchenmitglieder" gewesen seien.[55] Hatte man die Ursache für den Schwund der Mitglieder lange Zeit vor allem in der allgemeinen demographischen Entwicklung gesehen – und sich damit beruhigt, dass es hier kaum Möglichkeiten gebe, aktiv gegenzusteuern –, so zeigte die sogenannte „Freiburger Studie" von 2019, dass sich weniger als die Hälfte des bis 2060 prognostizierten Mitgliederschwunds um weitere gut 50 % mit der demographischen Entwicklung erklären lasse.[56] Die evangelische Kirche hat längst den Generationenanschluss verpasst. Neben der geradezu auf dem Kopf stehenden Alterspyramide zeigen sich weitere Disproportionalitäten etwa im Bereich der Geschlechter und der sozialen Schichtung. 55 % der Kirchenmitglieder sind weiblich[57] und unter den Gottesdienstbesuchern und ehrenamtlich Aktiven (abgesehen von den höheren ehrenamtlichen Leitungsämtern) ist der Frauenanteil

---

54 2011 waren es 3,7 %. Vgl. Engagement und Indifferenz. Kirchenmitgliedschaft als soziale Praxis. V. EKD-Erhebung über Kirchenmitgliedschaft, Hannover 2014, S. 53.

55 EKD-Broschüre: Gezählt 2020. Zahlen und Fakten zum kirchlichen Leben, Hannover 2020 (auch online: https://www.ekd.de/ekd_de/ds_doc/Gezae hlt_zahlen_und_fakten_2020.pdf – Zugriff: 07.09.2020).

56 Bislang liegt im Wesentlichen eine populärwissenschaftliche Zusammenfassung der Ergebnisse als Broschüre vor: Kirche im Umbruch. Zwischen demografischem Wandel und nachlassender Kirchenverbundenheit. Eine langfristige Projektion der Kirchenmitglieder und des Kirchensteueraufkommens der Universität Freiburg in Verbindung mit der EKD, Hannover 2019. Ein Factsheet ist zudem abrufbar unter: https://www.ekd.de/ekd_de/ds_doc/projektion-2060-ekd-vdd-factsheet-2019.pdf (Zugriff 07.09.2020).

57 Vgl. EKD-Statistik vom Juni 2020 (wie Anm. 50).

noch weit höher. Überdurchschnittlich aktiv in der Kirche sind Angehörige der Mittelschicht und insbesondere der gehobenen Mittelschicht. Die evangelische Kirche ist also, wenn man es zuspitzt, vor allem alt, weiblich und gutbürgerlich.[58] Diese Aspekte sind von Religionssoziologen, etwa von Detlef Pollack, längst analysiert und beschrieben worden. Kirchliche Zeitgeschichtsforschung steht vor der Aufgabe, in Kooperation mit der Religionssoziologie und anderen Wissenschaften den genannten Problemen konsequent und unabhängig von kirchlichen Interessen und Strategien nachzugehen. Dabei müsste ein besonderes Augenmerk auf die Nachwuchsarbeit gerichtet werden, weil sie für das Überleben von gesellschaftlichen Großgruppen von zentraler Bedeutung ist, und es müsste dazu die Mikroebene der Kirchengemeinden in den Blick genommen werden: Wo und wie findet eine solche Nachwuchsarbeit statt und wie wirkt sie sich auf das gesamte Gemeindeleben, einschließlich der jeweiligen Austrittszahlen, längerfristig aus? Es wird sich vermutlich herausstellen, dass es zwar in fast allen Gemeinden eine Kinder- und Jugendarbeit, meist sogar mit hauptamtlichen Jugendreferentinnen und -referenten, gibt, dass diese aber oft wenig mit der eigentlichen Gemeindearbeit zu tun hat und das christlich-kirchliche Profil oft kaum noch erkennbar ist. In einer Handreichung des Rates der EKD zum Thema „Kirche und Jugend" von 2010 hieß es: „Viele Jugendliche besuchen kirchliche Angebote, merken aber nicht, dass es sich um ein kirchliches Angebot handelt."[59] Ähnliche Untersuchungen müssten etwa

---

58 Vgl. Engagement und Indifferenz (wie Anm. 54), S. 48.

59 Kirche und Jugend. Lebenslagen, Begegnungsfelder, Perspektiven. Eine Handreichung des Rates der Evangelischen Kirche in Deutschland (EKD), Gütersloh 2010, S. 76 f.

für die Einbeziehung von Männern und von Angehörigen der unteren sozialen Schichten oder für die Attraktivität von Gottesdiensten allgemein angestellt werden.

In vielen Gemeinden, die ich kenne, gibt es entweder gar keinen Kindergottesdienst mehr oder er führt ungeachtet des ehrenamtlichen Engagements einzelner Eltern ein Schattendasein, ohne dass die Gemeindeleitungen sich besonders dafür interessieren würden. Entsprechendes gilt für Kinderbibelwochen oder dergleichen. Jugendarbeit findet in vielen Gemeinden offenbar noch statt, aber sie scheint mit dem sonstigen Gemeindeleben, auch mit Glauben und Religion, häufig nur noch sehr wenig oder gar nichts mehr zu tun zu haben, außer vielleicht, dass regelmäßig für die gemeindliche Jugendarbeit eine gottesdienstliche Kollekte eingesammelt wird. Der Gottesdienstbesuch wird immer spärlicher. Stirbt ein treues Gemeindeglied, so bleibt dessen Platz in der Kirche leer. Ich selbst empfinde den Gottesdienst jedesmal wie einen Jungbrunnen – seit nunmehr Jahrzehnten senke ich den Altersdurchschnitt signifikant. Auch bei Gemeindeversammlungen etwa gehöre ich mit meinen 60 Lebensjahren immer noch zu den Jüngeren.

Bei den Salzburger Hochschulwochen im Sommer 2022 unterstrich Detlef Pollack noch einmal die Dramatik der Lage der beiden großen christlichen Kirchen. Ein Ende der Krise sei nicht in Sicht. Kritisch fragte er, ob die Kirchen dem Anspruch selbst noch gerecht würden, dafür zu stehen, „dass es etwas Jenseitiges im Diesseits gibt, das zugleich im Diesseits nicht ganz aufgeht"[60].

---

60 Religionssoziologe: Ende der Kirchenkrise nicht in Sicht (salzburger-hochschulwochen.at) (Zugriff 07.09.2022).

Die Erosion der Kirche ist dramatisch. Dieser Befund führt direkt zu der Frage: Was ist das Proprium der Kirche oder ihr Alleinstellungsmerkmal, mit dem sie ihre aktuelle und zukünftige Relevanz herausstellen könnte? Und wie könnte sie dieses Proprium (besser) vermitteln?

Politische Eindeutigkeiten?[61]

Der in den 1960er Jahren begonnene und in den 1980er Jahren zum Durchbruch gelangte neuerliche Politisierungstrend scheint sich in den letzten drei Jahrzehnten fortgesetzt, wenn nicht gar noch zugespitzt zu haben. Die Politisierung, genauer Linkspolitisierung der Kirche zu thematisieren, ist für die Kirchliche Zeithistorikerin bzw. den Zeithistoriker insofern besonders heikel, weil das leicht den Vorwurf einer konträren politischen Positionierung provoziert. Bei kaum einem anderen Thema zeigt sich wohl deutlicher das grundsätzliche Problem der Gleichzeitigkeit und Zeitgenossenschaft der Kirchlichen Zeitgeschichtsforschung. Gleichwohl ist das Thema Kirche und Politik zu relevant, als dass es einfach übergangen werden könnte, zumal sich die kirchlichen Akteure immer wieder auf die Lehren aus der jüngsten Geschichte berufen. Im Folgenden soll zunächst auf zwei Beispiele für die Politisierung bzw. „Polit-Moralisierung" der Kirche in jüngster Zeit eingegangen werden.

Im November 2019 folgte die Synode der EKD einem entsprechenden Beschluss des Rates der EKD, „das gesellschaftliche Aktionsbündnis ‚United 4 Rescue – Gemeinsam Retten' zur Unterstützung der zivilen Seenotrettung [im Mittelmeer]

---

61 Zum ganzen Abschnitt vgl. Schneider, Zeitgeschichte (wie Anm. 1), Sp. 19–21.

und für den Kauf eines zusätzlichen Rettungsschiffes zu gründen"[62]. Vorausgegangen war im Juni desselben Jahres eine vor allem von dem Grünen-Politiker Sven Giegold, Mitglied des Europäischen Parlamentes und des Präsidiums des Deutschen Evangelischen Kirchentages, initiierte Petition. Diese Petition machte klar, dass es nicht nur um humanitäre Hilfeleistung, sondern um politische Aktion ging, denn, so hieß es in der Petition, man wolle durch das Schiff „den Druck auf die Politik erhöhen"[63]. Giegold war es dann auch, der auf dem Dortmunder Kirchentag im Rahmen einer Veranstaltung eine Resolution einbrachte, die evangelische Kirche solle „selbst ein Rettungsschiff ins Mittelmeer schicken, selbst aktiv werden und im Mittelmeer Flagge zeigen. Es genüge nicht mehr, die Arbeit der NGOs [Non-Governmental Organizations] bei der Seenotrettung finanziell zu unterstützen"[64]. Die Resolution – als basisdemokratisches Element des Kirchentages waren solche Resolutionen 1969 eingeführt worden – wurde „mit riesiger Mehrheit" angenommen, eine entsprechende Online-Petition von 40.511 Menschen unterzeichnet.[65] In ihrer Predigt beim Abschlussgottesdienst des Dortmunder Kirchentages hatte Pastorin Sandra Bils noch einmal das Projekt gerechtfertigt und dafür geworben. Viel zitiert wurde

---

62 Beschluss der 12. Synode der Evangelischen Kirche in Deutschland auf ihrer 6. Tagung zur Unterstützung der zivilen Seenotrettung im Mittelmeer vom 13. November 2019 (https://www.ekd.de/beschluesse-ekd-synode-2019-51700.htm – Zugriff 07.09.2022).

63 https://www.ekd.de/wir-schicken-ein-schiff-sea-watch-4-57668.htm (Zugriff 07.09.2022).

64 https://www.kirchentag.de/service/aktuelles/schicken-wir-ein-schiff (Zugriff 07.09.2022).

65 https://www.change.org/p/rat-der-evangelischen-kirche-deutschlands-und-alle-gliedkirchen-schicken-wir-ein-schiff (Zugriff 07.09.2022).

ihr mit Beifall bedachter Ausruf: „Man lässt keine Menschen ertrinken. Punkt."[66] Insbesondere der EKD-Ratsvorsitzende Heinrich Bedford-Strohm machte sich dann die Sache des Rettungsschiffes zu eigen und setzte sich medial unermüdlich – ungeachtet mancher kritischen Einwände – dafür ein. Für Irritationen in der medialen Öffentlichkeit sorgte das Hissen einer „Antifa"-Flagge an dem Rettungsschiff im April 2021, da die „Antifa"-Gruppen vom Verfassungsschutz und etwa auch von den Wissenschaftlichen Diensten des Deutschen Bundestags als linksextremistisch eingestuft werden.[67] Auf Kritik, für die sie die „Stimmungsmache von AfD und anderen Rechten" verantwortlich machte, reagierte die Schiffsbesatzung zunächst, indem sie die „Antifa"-Flagge noch „sichtbarer weiter oben" platzierte. Bedford-Strohm erklärte daraufhin in der Presse: „Ich würde es ausdrücklich begrüßen, wenn die Flagge alsbald eingeholt wird, da die Diskussion darum das eigentliche Anliegen der Seenotretter zunehmend unsichtbar macht."[68]

Am Freitag, dem 24. September 2021 unterbrach der in Hannover tagende Rat der EKD seine Sitzung, um geschlossen an der dortigen „Fridays for Future"-Demonstration teilzunehmen. Auch bundesweit „beteiligten sich nach Angaben der EKD Kirchengemeinden und kirchliche Initiativen am Klimaprotest mit Aktionen, Andachten, Gebeten, dem Läuten von Kirchenglocken oder der Teilnahme an den Demonstrationen". In einer Videobotschaft erklärte Bedford-Strohm:

---

66 Wie Anm. 63.

67 https://www.bundestag.de/resource/blob/557014/7e164d071a4a535dfb6bb4 efdd5bca2c/wd-7-069-18-pdf-data.pdf (Zugriff 07.09.2022).

68 https://www.evangelisch.de/inhalte/185228/21-04-2021/bedford-strohm-wuenscht-sich-sea-watch-4-ohne-antifa-fahne-fluechtlinge-rettungs schiff (Zugriff 07.09.2022).

„Wir als EKD solidarisieren uns mit den Forderungen von ‚Fridays for Future' ...", nahm für die evangelische Kirche in Anspruch, dass sie sich bereits „seit Jahrzehnten für den achtsamen Umgang mit der Mitschöpfung" engagiere, und bezeichnete die Forderungen von „Fridays for Future" als „Kernanliegen des christlichen Glaubens"[69].

Wie sind die beiden Beispiele einzuordnen und zu bewerten? Hilfeleistung für Menschen in Not, gerade auch für Menschen aus der Fremde, für Flüchtlinge, das entspricht zweifellos einer biblisch begründeten christlichen Ethik und dem Willen, Lehren aus der Geschichte zu ziehen, als Christen und – damals noch ausschließlich männliche – Kirchenrepräsentanten auf Grund nationalprotestantischer Prägungen und Vorurteile solche Hilfe Menschen anderen Glaubens und anderer Herkunft verweigerten. Zugleich ist das EKD-Schiff ein deutliches Zeichen, dass man sich nicht auf Worte, auf die sprichwörtlichen Sonntagsreden (Predigten), beschränken, sondern zur Tat schreiten wollte, ganz nach dem Motto Erich Kästners: „Es gibt nichts Gutes, außer man tut es!" Entsprechendes wie für die Seenotrettung gilt sicher auch für die Themen Klimawandel und Schöpfungsverantwortung, wobei diese Themen eigentlich erst seit den 1970er Jahren so richtig ins öffentliche Bewusstsein gelangt sind. So weit, so nachvollziehbar. Dennoch stellen sich bei nüchterner Betrachtung manche Fragen, die so oder so ähnlich teilweise auch von renommierten Theologen wie Ulrich H. J. Körtner schon vorgetragen worden sind[70]:

---

69 https://www.ekd.de/rat-der-ekd-beteiligt-sich-am-globalen-klimastreik-68418.htm (Zugriff 07.09.2022).

70 Vgl. etwa: Zu viel Moralismus? Streitgespräch zwischen Ulrich H. J. Körtner und Heinrich Bedford-Strohm, in: chrismon 3, 2017, S. 32–35. Vgl. etwa

1. Die politische Nähe zu einer bestimmten Partei fällt auf – auch das „deutsche Gesicht" von „Fridays for Future", Luisa Neubauer, etwa ist Parteimitglied der Grünen –, einer Partei, deren Wählerschaft vornehmlich einem bestimmten bürgerlichen Milieu angehört, wie es auch für die Pfarrerschaft und die (aktiven) Mitglieder der evangelischen Kirche wohl typisch ist. Mit Ausnahme der AfD haben aber längst alle politischen Parteien in Deutschland die Flüchtlings- und die Klima- und Umweltproblematik erkannt und oben auf ihrer Agenda. Die Lösungsvorschläge unterscheiden sich allerdings, vor allem auch deshalb, weil die Zusammenhänge mit anderen politischen Problemfeldern – soziale Gerechtigkeit, Wohnungsprobleme, Europapolitik, innere Sicherheit, Außenpolitik und wirtschaftliche Zusammenarbeit u. v. a. – unterschiedlich gesehen und gewichtet werden. Um es etwas polemisch zuzuspitzen: Auf Grund ihres beruflichen Status müssen EKD-Verantwortliche in aller Regel nicht mit Migrantinnen und Migranten um bezahlbaren Wohnraum oder um einigermaßen attraktive Minijobs konkurrieren. Im Unterschied zu der – in der politischen Debatte immer wieder bemühten – alleinerziehenden Aldi-Kassiererin, die auf ihren alten Golf-Diesel angewiesen ist, können sie sich auch ein E-Auto leisten oder eine Stadtwohnung, von der aus sie bequem mit öffentlichen Verkehrsmitteln ihre Arbeitsstätte erreichen, wenn sie nicht sogar im Homeoffice arbeiten können.

2. In typischer „68er"-Manier werden – ungeachtet der Nähe zu der Partei Bündnis 90/Die Grünen – außerparlamentarische Bewegungen unterstützt, um Druck auf die politi-

---

auch: Ulrich H. J. Körtner, Für die Vernunft. Wider Moralisierung und Emotionalisierung in Politik und Gesellschaft, Leipzig ²2017.

schen Entscheidungsträgerinnen und -träger zugunsten der einmal als richtig erkannten Sache auszuüben. Das ist zwar grundsätzlich durchaus legitim, birgt aber auf Dauer die Gefahr in sich, dass die Institutionen der repräsentativen Demokratie, die sich immer wieder allgemeinen Wahlen stellen, um Mehrheiten ringen und Kompromisse finden müssen, unterminiert werden. Ist tatsächlich alles, was diese Institutionen auf nationaler wie internationaler Ebene in Sachen Klimaschutz unternehmen, nichts weiter als „Blah, blah, blah", wie Greta Thunberg meint?[71] Eine „riesige Mehrheit" in einer Messehallenveranstaltung mit einer relativ homogenen Teilnehmerschaft kann man mit einigem Geschick für alle möglichen Anliegen organisieren, auch eine Online-Petition mit zehntausenden von Unterschriften. Eine demokratische Legitimation ergibt sich daraus noch nicht. Der Ausruf: „Man lässt keine Menschen ertrinken. Punkt." mag zwar rhetorisch und medial geschickt sein, aber er ist auch populistisch, da er Beifall erheischt, statt die Predigthörerinnen und -hörer zum Nachdenken anzuregen. Er unterbindet zudem kategorisch jegliche Diskussion mit Menschen, die vielleicht Ängste, Einwände und kritische Fragen haben, etwa, ob es nicht doch auch so etwas wie einen „Pull-Faktor" gibt, der der Schlepperkriminalität in die Hände spielt. Einem Faktencheck der renommierten Akademie der Deutschen Welle (DW) zufolge, in deren Rundfunkrat auch die evangelische Kirche vertreten ist, ist ein „Pull-Effekt" jedenfalls nicht so einfach zu widerlegen, wie es in einer EKD-Mitteilung behauptet wird.[72] Auch eine Debatte, ob die evangelische Kirche

---

71 https://www.theguardian.com/environment/2021/sep/28/blah-greta-thun berg-leaders-climate-crisis-co2-emissions (Zugriff 07.09.2022).

72 EKD-Mitteilung: https://www.ekd.de/faqs-zur-seenotrettung-49588.htm

wirklich so etwas wie ein eigenes Flaggschiff braucht, wurde durch den apodiktischen Ausruf kategorisch zu unterbinden versucht; Spenden für die Seenotrettung sammelte man ja auch schon vorher.

Weitere Fragen, die sich im Zusammenhang mit dem Schiff stellen bzw. die gestellt worden sind, seien hier nur kurz angerissen: Wer kümmert sich eigentlich um die Geretteten, wenn sie – meistens in Italien – an Land gebracht worden sind? Handelt es sich bei den Flüchtlingen nicht ganz überwiegend um junge Männer, während die Frauen, Alten und Kinder zurückbleiben müssen? Würden nicht gerade diese jungen Männer zum Aufbau ihrer Heimatländer – auch für Projekte kirchlicher Hilfsorganisationen wie „Brot für die Welt" – dringend gebraucht? Müsste man nicht ebenso kategorisch ausrufen: „Man lässt keine Menschen, die zurückbleiben, verhungern oder an Krankheiten sterben, die leicht zu behandeln wären. Punkt. Man lässt auch niemanden auf dem Weg zur Mittelmeerküste in der Wüste verdursten. Punkt. Etc., etc."? Im Blick auf „Fridays for Future" könnte man kritisch fragen, ob nicht die üblichen Schuldzuweisungen an die älteren Generationen („Wir sind jung, wir sind laut, weil Ihr uns die Zukunft klaut!") die eigenen Anteile der jungen Generation an der Umweltzerstörung und am Klimawandel in manchmal sehr selbstgerecht anmutender Weise ausblenden. Vielfach kann man beobachten, dass ein aktives Engagement für „Fridays for Future" keineswegs dazu führt, dass Abitu-

---

(Zugriff 07.09.2022). DW-Faktencheck: https://www.dw.com/de/faktencheck-f%C3%BChrt-seenotrettung-zu-mehr-fl%C3%BCchtlingen-und-migranten/a-57759340 (Zugriff 07.09.2022). Dem Faktencheck der DW-Akademie zufolge gebe es kaum belastbare Forschung, was zum einen an der schlechten Datenlage, zum anderen an der Komplexität der Fragestellung liege; Ursache und Wirkung seien schwierig zu trennen.

rientinnen und Abiturienten sowie Studierende die verbreiteten – pädagogisch ja auch zweifellos wertvollen – Weltreisen mit dem Flugzeug nach „Down Under", Amerika oder Fernost unterlassen. Angesichts der bewussten Verstöße gegen die Schulpflicht, die von vielen Erwachsenen auch noch offen toleriert und sogar gerechtfertigt werden, kann man fragen, ob nicht die Einführung der allgemeinen Schulpflicht eine höchst wertvolle zivilisatorische Errungenschaft war, um die uns viele Menschen in armen Ländern, etwa afghanische Mädchen, beneiden. Und wenn EKD-Ratsmitglieder, die überwiegend der älteren Generation angehören, sich die Forderungen der Jugendlichen so einfach zu eigen machen, kann man fragen, ob es nicht wohlfeil und wenig bußfertig ist, wenn man die Kritik der Jugendlichen an der älteren Generation gewissermaßen einfach weitergibt, gerade so, als beträfe sie einen selbst nicht.

3. Insbesondere im Hinblick auf „Fridays for Future", aber auch beim Rettungsschiff drängt sich der Eindruck auf, als wolle man sich bei der jungen Generation anbiedern, die dafür bekannt ist, dass sie häufig mit hohem moralischem Pathos einfache Lösungen für komplexe Probleme sucht. Das ist wohl schon immer das legitime Privileg der Jugend gewesen, aber die älteren Generationen haben das früher wohl nicht so distanzlos und unkritisch übernommen. Der viel zitierte, wohl fälschlich Winston Churchill zugeschriebene Ausspruch macht das im Hinblick auf Marxismus-Affinitäten junger Menschen deutlich: „Wer mit 20 Jahren kein Kommunist ist, hat kein Herz. Wer mit 30 Jahren noch Kommunist ist, hat keinen Verstand!"[73] Will man angesichts des Traditions-

---

73 https://beruhmte-zitate.de/zitate/2010565-winston-churchill-wer-mit-20-jahren-kein-kommunist-ist-hat-kein-her/ (Zugriff 07.09.2022).

abbruchs junge Leute zurückgewinnen, indem man auf ihre Themen in besonders engagierter Weise eingeht und bei ihren Demonstrationen demonstrativ mitmacht? Interessant ist, dass auf der offiziellen EKD-Seite in einer Meldung zu der oben erwähnten Hannoveraner „Fridays for Future"-Demonstration als letzter, nicht weiter kommentierter Satz steht: „SPD-Kanzlerkandidat Olaf Scholz twitterte, er sei dankbar für das Engagement von ‚Fridays for Future'. Die Aktivisten entgegneten, ‚wir wollen die gute Stimmung ja nicht zerstören – aber wir bestreiken heute Deine Regierung, Olaf'."[74] Das kann man als eine gewisse Häme verstehen. Ist das angemessen? Auch die Kirche und deren Repräsentantinnen und Repräsentanten hinterlassen negative ökologische Fußabdrücke. Was wäre, wenn die Klimaaktivistinnen und -aktivisten etwa forderten, das Beheizen von Kirchen und Gemeindehäusern künftig ganz zu unterlassen? Oder wenn Flüchtlingshilfeorganisationen forderten, Gemeindehäuser, die mitunter nur noch wenig genutzt werden, konsequent für Flüchtlinge zur Verfügung zu stellen?

4. Heinrich Bedford-Strohm nahm als Ratsvorsitzender offenbar selbstverständlich für sich in Anspruch, auch in politischen Fragen für die gesamte EKD sprechen zu können: „Wir als EKD ...". Es fragt sich, ob er sein Mandat damit nicht überzog. Dem Kirchenartikel 7 des Augsburgischen Bekenntnisses von 1530, der grundlegenden lutherischen Bekenntnisschrift schlechthin, zufolge ist Kirche die Versammlung aller Gläubigen (communio sanctorum). Ein oberstes Lehramt gab und gibt es in der evangelischen Kirche nicht, erst recht nicht in politischen Fragen. Dafür wird dem Gewissen der oder des einzelnen Gläubigen ein großes Gewicht beigemessen. Das

---

74 Wie Anm. 69.

Wahlverhalten der immerhin noch gut 19,7 Millionen Mitglieder der EKD unterscheidet sich aber kaum von dem der Gesamtbevölkerung.[75] Hätte Bedford-Strohm nicht redlicherweise sagen müssen: „Wir als Rat der EKD ..." oder noch genauer: „Ich als EKD-Ratsvorsitzender ..."? Beim Rettungsschiff scheint sich selbst die EKD-Führungsriege nicht so sicher gewesen zu sein, wie es nach außen kommuniziert wurde. Der oft als „Cheftheologe" bezeichnete ehemalige Vizepräsident des EKD-Kirchenamtes Thies Gundlach, der im November 2019 sogar Vorsitzender des Trägervereins des Schiffes wurde,[76] hatte in der Semestereröffnungspredigt der Universität Heidelberg am 20. Oktober 2019 u. a. noch zu bedenken gegeben:

> „Aber belegt diese Maßnahme [die Aktion „Wirschickeneinschiff"] wirklich unseren Glauben? Kommen nicht mindestens ebenso viele Menschen auf die Idee der Seenotrettung ohne Glauben an Gott? Kleben wir dieser guten Tat nur das Etikett ‚Gott' dran, um dann mit dem Brustton der Überzeugung zu sagen: Seht mal, wie glaubwürdig unser Glaube ist, wir tun ja dies oder jenes? Brauchen wir dafür wirklich unseren Glauben? Ist es in einer aufgeklärten, sozusagen spirituell emanzipierten und erwachsenen Gesellschaft wirklich glaubwürdig, allgemein sinnvolle Taten plötzlich zu Glaubenstaten zu machen? Wird ein bürgerschaftliches Engagement zum Glaubenszeugnis, wenn wir es als Christen machen?"[77]

Und der „Frankfurter Allgemeinen Zeitung" zufolge übte auch ein anderer EKD-Vizepräsident, Horst Gorski, heftige

---

75 https://www.bundestag.de/resource/blob/272928/f5acde8f297f7dd8ce148d7 9a3de1b1b/kapitel_01_11_stimmabgabe_nach_beruf_und_konfession_zwei tstimme_-pdf-data.pdf (Zugriff 07.09.2022).

76 https://de.wikipedia.org/wiki/Gemeinsam_Retten (Zugriff 07.09.2022).

77 https://www.theologie.uni-heidelberg.de/universitaetsgottesdienste/2010_ ws2020.html (Zugriff 07.09.2022).

Kritik: Die Kirche sollte „nicht vorschnell moralisieren", weil „die Kirchenleitung sonst ein ‚Repräsentanzproblem'" habe. Bei dem „Rettungsschiff-Projekt", das stark auf die Person Bedford-Strohms „zugespitzt und personalisiert" gewesen sei, habe es sich um eine „Symbolhandlung" gehandelt. Es stelle sich aber die Frage, „ob solche Aktionen mit Symbolcharakter dazu geeignet" seien, „Debatten nicht zu verengen, sondern offen zu halten"[78].

5. Aus historischer Perspektive ist zu fragen: Markiert die gegenwärtige Politisierung der Kirche die notwendige Kurskorrektur und Abkehr von der Affinität zu rechtskonservativ-deutschnationalen bis hin zu nationalsozialistischen (DC) Positionen in der ersten Hälfte des 20. Jahrhunderts bzw. von dem letztlich unmöglichen, da faktisch herrschaftsstabilisierenden Bemühen um politische Abstinenz, wie es für weite Teile der BK und auch die frühe Nachkriegszeit charakteristisch war? Oder aber ist die gegenwärtige Linkspolitisierung nur ein spiegelartiger Reflex der Rechtspolitisierung und gibt es nicht ungeachtet aller signifikanten inhaltlichen Differenzen, ja Gegensätzlichkeiten durchaus strukturelle Kontinuitäten im Hinblick auf eine Priorisierung des Politischen und eine politisch monokulturelle Anpassung an den jeweils aktuell als fortschrittlich angesehenen Zeitgeist sowie im Hinblick auf den „Anspruch, über die politische Kultur ein ‚Wächteramt' auszuüben"[79]? Gibt es nicht womöglich trotz deutlicher Unterschiede sogar einzelne inhaltliche Schnitt-

---

78 FAZ 99, 29.04.2022, S. 4.

79 Kurt Nowak, Protestantismus und Demokratie in Deutschland. Aspekte der politischen Moderne, in: Martin Greschat/Jochen-Christoph Kaiser (Hg.), Christentum und Demokratie im 20. Jahrhundert, Stuttgart/Berlin/Köln 1992, S. 1–18, hier: 12.

mengen, etwa Tendenzen zu Antiliberalismus[80] und zu Vorbehalten gegenüber der repräsentativen Demokratie? Auch das Bestreiten des Vorwurfs politischer Einseitigkeiten und der Hinweis, man fühle sich allein dem Evangelium verpflichtet, dürften dazu gehören. Wie glaubwürdig ist eigentlich eine Kirche, die ihren Mitgliedern innerhalb eines Jahrhunderts gleichsam eine politische Wende um 180 Grad zumutet und die jeweilige politische Position als die einzig evangeliumsgemäße erklärt? Galt vor etwa 100 Jahren der Spruch: „Die Kirche ist neutral, doch sie wählt deutschnational!", so müsste man heute vermutlich formulieren: „Für die Kirche gilt immer noch das Neutralitätsgebot, aber sie wählt Grün-Rot!"

Der nicht selten mit viel Pathos vorgebrachte politisch monokulturelle Moralismus der EKD-Repräsentantinnen und Repräsentanten scheint auf Grund des im Februar 2022 begonnenen russischen Überfalls auf die Ukraine an seine Grenzen gestoßen zu sein. Während einige an einem radikalpazifistischen Kurs, wie er am deutlichsten in der Linkspartei zu finden ist (und paradoxerweise teilweise auch in der AfD[81]), festhalten wollen, sehen andere Reformbedarf und beurteilen die Lage differenzierter.

---

80 Zur allmählichen Entfremdung zwischen dem protestantischen Traditionsstrang des Liberalismus und der evangelischen Kirche vgl. etwa die gelehrte Studie zu dem gläubigen Lutheraner Theodor Heuss und seinem Verhältnis zu den Kirchen: Kristian Buchna, Im Schatten des Antiklerikalismus. Theodor Heuss, der Liberalismus und die Kirchen (Kleine Reihe 33), Stuttgart 2016.

81 So warb ausgerechnet der AfD-Rechtsaußen Björn Höcke mit dem Slogan: „Frieden schaffen ohne Waffen!" (https://www.srf.ch/news/internatio nal/afd-gegen-waffenlieferungen-dieser-rechte-pazifismus-ist-eine-reine-parteinahme – Zugriff 07.09.2022).

Der EKD-Friedensbeauftragte Friedrich Kramer, Bischof der Evangelischen Kirche in Mitteldeutschland, bekräftigte in einem Interview nur wenige Tage nach dem russischen Angriff, Russland sei nicht unser Feind und es gelte, „auch die Sicherheitsinteressen Russlands nüchtern in den Blick zu nehmen". Kramer zeigte viel Verständnis für die russische Seite und wies auf angebliche Versäumnisse des Westens hin:

> „Wir haben es verpasst, einen gemeinsamem Sicherheitsraum mit Russland aufzumachen. Dabei wird es auch in Zukunft nur mit Russland Sicherheit in Europa geben, nicht gegen Russland. Der Rückfall in die Rhetorik des Kalten Krieges und der Schützengräben wird Europa nicht sicherer machen."

Nach dem Krieg müsse man Russland wieder in die europäische Friedensordnung hineinholen. Von einer Zeitenwende oder einem Umdenken auf Grund der russischen Aggression wollte Kramer nichts wissen. Das wäre nur dann nötig, „wenn Russland die NATO angreifen würde". „Aber", so Kramer, „da sind wir nicht. ... Wir haben die USA zum Freund, und das ist gut so für die europäische Friedensordnung."[82]

Von berechtigten Sicherheitsinteressen der Ukraine war merkwürdigerweise in dem Interview nicht die Rede. Stattdessen übernahm Kramer offenbar völlig unkritisch das in linken Kreisen verbreitete Narrativ, die NATO habe durch ihre Osterweiterung die Sicherheitsinteressen Russlands missachtet. Dass die osteuropäischen Staaten selbst nach dem Schutz der NATO verlangt haben könnten – wie jüngst auch Finnland und Schweden –, um vor einer möglichen Aggression des russischen Diktators Wladimir Putin gewappnet zu sein, kam Kramer wohl nicht in den Sinn. Auch die Ukraine

---

82 https://zeitzeichen.net/node/9602 (Zugriff 07.09.2022).

hatte sich ja um einen NATO-Beitritt bemüht, was ihr nicht zuletzt wegen der ablehnenden Haltung der deutschen Regierung verwehrt blieb. Dass er mit zweierlei Maß maß – hier die NATO-Staaten, die es zu schützen gilt, dort die Ukraine, die man mehr oder weniger ihrem Schicksal überlassen soll –, machte Kramers friedensethische Argumentation vollends unglaubwürdig.

Eine noch radikalere pazifistische Position vertrat die immer noch medial höchst präsente ehemalige EKD-Ratsvorsitzende und EKD-Reformationsbotschafterin Margot Käßmann, die zu den Erstunterzeichnern eines Appells gehört, in dem zwar „Putins Krieg" verurteilt und „Solidarität mit der ukrainischen Bevölkerung" bekundet wurde, eine Wende der deutschen Außen- und Sicherheitspolitik aber scharf abgelehnt und vor einer „Hochrüstung" gewarnt wurde, die wegen der vorhandenen Atomwaffen ohnehin sinnlos sei.[83] Zwar behaupteten die Initiatorinnen und Initiatoren des Appells, die Liste der Unterzeichner spiegele die „ganze Bandbreite der Gesellschaft" wider; tatsächlich handelte es sich aber, wie die „Frankfurter Allgemeine Zeitung" zu Recht analysierte, „in der Mehrheit um Politiker der ‚Linken', Gewerkschafter und Grünen-Politiker, die dem linken Spektrum zugeordnet werden"[84]. Der Friedensethiker der badischen Landeskirche, Ralf Becker, verstieg sich am 7. März 2022 in einem Interview mit dem Deutschlandfunk sogar zu der Behauptung, Russlands Präsident Putin fühle sich „seit 30 Jahren zu Recht betrogen vom Westen", da dieser, statt ge-

---

83 https://derappell.de/ (Zugriff 07.09.2022).

84 https://www.faz.net/aktuell/politik/inland/bundeswehr-prominente-geg
en-das-sondervermoegen-der-bundesregierung-17896441.html (Zugriff
07.09.2022).

meinsam an einer neuen Sicherheitspolitik in Europa zu arbeiten, die NATO-Osterweiterung betrieben habe. Auch auf ausdrückliche Nachfrage der irritierten Interviewerin wich Becker nicht von seiner Behauptung ab, dass Putin sich zu Recht betrogen fühle.[85] Bereits 2013 hatte die Landessynode der badischen Kirche, die für sich in Anspruch nahm, „Kirche des gerechten Friedens" sein zu wollen, beschlossen, es gelte, „ein Szenario zum mittelfristigen Ausstieg aus der militärischen Friedenssicherung zu entwerfen", analog zu dem beschlossenen Ausstieg aus der Kernenergie, d. h. man forderte letztlich mittelfristig die Abschaffung der Bundeswehr.[86] Auch die rheinische Landessynode beschloss 2018, „Kirche des gerechten Friedens" werden zu wollen, und verwies auf die Bergpredigt: „Wir nehmen die ungeheure Einladung an, mit der Bergpredigt Politik zu machen. ... Somit ist der Ernst der Forderung der Bergpredigt ... stets festzuhalten und nicht zu relativieren."[87] Die Argumentation ist mindestens tendenziell fundamentalistisch und wirft etwa die Frage auf, warum die evangelische Kirche im Falle der Ehescheidung (vgl. Bergpredigt Mt 5,31 f.) – mit guten Gründen – nicht ebenso argumentiert. Auf die wortwörtlich verstandene Bergpredigt bezog sich auch der reformierte ehemalige Cottbuser Generalsuperintendent Rolf Wischnath. In einem gemeinsam mit einem Mathematiker verfassten Beitrag wandte er sich sogar gegen wirtschaftliche Sanktionen gegen Russland, da auch

85 https://www.deutschlandfunk.de/ist-friedensethik-naiv-interview-mit-ralf-becker-landeskirche-baden-dlf-7fa66fee-100.html (Zugriff 07.09.2022).

86 https://www.ekiba.de/infothek/arbeitsfelder-von-a-z/frieden-gerechtigkeit-2/kirche-des-gerechten-friedens/szenario-sicherheit-neu-denken/ (Zugriff 07.09.2022).

87 https://www.ekir.de/www/downloads/DS28FriedenswortEKiR2018.pdf, (Zugriff 07.09.2022).

diese „Kriegsmittel" seien, die vor allem die „sog. ‚kleinen Leute' in der Weite Russlands" träfen.[88]

Mittlerweile gibt es in der evangelischen Kirche auch andere Stimmen. Die EKD-Ratsvorsitzende, die westfälische Präses Annette Kurschus, unterstützt die Entscheidung der Bundesregierung zur Lieferung von schweren Waffen an die Ukraine. Zwar habe sie „höchsten Respekt vor allen, die für sich selbst auf die Option der Gewaltlosigkeit setzen", aber sie „erkenne die jetzt beschlossenen Waffenlieferungen als Mittel an, die Ukraine bei ihrem Überlebenskampf zu unterstützen". Wo ein Land und seine Menschen wie in der Ukraine rohe Gewalt und blankes Unrecht erführen, hätten Menschen alles Recht, sich zu verteidigen und um Hilfe zur Selbstverteidigung zu bitten.[89] Auch andere Kirchenrepräsentanten teilen Kurschus' Einschätzung, so auch Kurschus' Vorgänger Bedford-Strohm, der eine Reform der evangelischen Friedensethik anmahnte, oder der rheinische Präses Thorsten Latzel, der zwar darauf hinwies, dass mit Waffen allein kein Frieden zu schaffen sei, der aber zur Eindämmung von Gewalt eine Form der rechtschaffenden Gewalt für notwendig hielt und es im Übrigen begrüßte, „dass wir in der evangelischen Kirche eine Diskussion darüber führen"[90]. Nicht wenige haben den Eindruck, dass in der Vergangenheit bzw. bei anderen Themen eine solche Diskussion eher vermieden wurde. Der brutale Angriff auf die Ukraine zeigt sehr klar, dass eindeutige gesinnungsethische Positionen sozusa-

---

88 https://zeitzeichen.net/node/9682 (Zugriff 07.09.2022).

89 https://www.evangelisch.de/inhalte/200370/27-04-2022/kurschus-unter stuetzt-waffenlieferungen (Zugriff 07.09.2022).

90 https://www.zeit.de/news/2022-04/25/bedford-strohm-fuer-waffenlieferun gen-an-ukraine; https://www.evangelisch.de/inhalte/200799/08-05-2022/ latzel-waffen-allein-schaffen-keinen-frieden (Zugriffe 07.09.2022).

gen im Praxistest rasch an ihre Grenzen stoßen. Zudem führt er die Dilemmata vor Augen, mit denen es die Realpolitik zu tun hat. Etwas mehr Bescheidenheit oder Demut in Fragen der politischen Ethik und etwas mehr Respekt vor den Personen, Institutionen und Entscheidungsprozessen der repräsentativen Demokratie stünden der evangelischen Kirche und ihren Repräsentantinnen und Repräsentanten gut an, übrigens auch etwas mehr Traditionsbewusstsein, denn die oben genannten Positionen von Kurschus, Bedford-Strohm und Latzel sind ja nicht neu, sondern entsprechen der fünften These der Barmer Theologischen Erklärung, die zwar in kirchlichen Kreisen ständig in Anspruch genommen wird, deren Inhalt aber gleichzeitig selten zur Kenntnis genommen zu werden scheint. Der erste Satz dieser These lautet: „Die Schrift sagt uns, dass der Staat nach göttlicher Anordnung die Aufgabe hat in der noch nicht erlösten Welt, in der auch die Kirche steht, nach dem Maß menschlicher Einsicht und menschlichen Vermögens unter Androhung und Ausübung von Gewalt für Recht und Frieden zu sorgen."[91] Man kann auch kritisch fragen, wozu die evangelische Kirche z. B. besonderer Friedensbeauftragter bedarf, wenn diese in Zeiten, in denen sie eigentlich sehr gebraucht würden, letztlich doch nur ihre Privatmeinung kundtun, die nicht einmal von den leitenden Geistlichen geteilt wird.

Der unter Jugendlichen und jungen Erwachsenen viel beachtete „YouTuber" mit dem Pseudonym Rezo, der durch sein Video „Zerstörung der CDU" aus der Zeit des Europawahlkampfs 2019 auch einer breiteren Öffentlichkeit bekannt wurde, lobte in einer Kolumne auf „Zeit-Online" im Dezember desselben Jahres ausdrücklich die „Wokeness" der christ-

---

91 KTGQ V (1999), S. 111.

lichen Kirchen in Deutschland.[92] Der Sohn einer Pfarrerin und eines Pfarrers zeigte sich selbst überrascht und begeistert, wie klar und eindeutig sich die Kirchen etwa in der Klimapolitik positioniert und artikuliert hätten: „Mit jeder Stunde, die ich auf kirchlichen Websites verbracht habe, schrumpfte mein Vorwurf, man wäre da irgendwie nicht deutlich genug." Zugleich konstatierte Rezo aber auch, dass diese klare und eindeutige politische Positionierung der Kirchen kaum zur Kenntnis genommen werde: „Das ist doch merkwürdig: Da positionieren sich zwei riesige moralische Institutionen, denen laut den aktuellsten Zahlen noch immer über die Hälfte aller Deutschen angehören, so klar und dringlich zu einem der politisch und gesellschaftlich relevantesten Themen – und wir merken es alle gar nicht." Die Schuld gab Rezo einerseits den Medien, die kaum über die politischen Verlautbarungen der Kirchen berichteten: „Also, liebe Zeitungen, da geht mehr. Kann echt nicht sein, dass ihr über einzelne Tweets von mir zig Artikel schreibt, darüber aber kaum berichtet." Andererseits kritisierte Rezo aber auch „die Nutzer von Medien", die sich fragen lassen müssten, „wofür sie eigentlich Aufmerksamkeit springen lassen".

Könnte es nicht sein, dass die Medien und ihre Nutzerinnen und Nutzer in politischen Fragen die Kirchen nicht wirklich als kompetent erachten und entsprechende Expertise lieber woanders abfragen – zumal dann, wenn die Kirchen nur das wiederholen, was andere, die viel eher als politische Player wahrgenommen werden, zuvor auch schon gesagt haben?

Eindeutige politische Appelle oder „Politmoralismus" gehören offensichtlich nicht zum Proprium der Kirche; jedenfalls scheint sie das nicht vermitteln zu können. Zudem kann

---

92 Kirchen: Traue dich, o Christenheit! | ZEIT ONLINE (Zugriff 07.09.2022).

man bezweifeln, ob es zu den veröffentlichten politischen Stellungnahmen wirklich einen Konsens in der Kirche gibt, die ja nach reformatorischem Verständnis die Gemeinschaft aller Gläubigen ist.

Hauptsache gemeinsam? – Evangelisch-katholische Ökumene

Ökumene steht seit einigen Jahrzehnten hoch im Kurs. Wenn eine neue Kirchenpräsidentin oder ein neuer Bischof, eine neue Pfarrerin oder ein neuer Pfarrer, egal ob evangelisch oder katholisch, eingeführt wird, kann man sicher sein, dass die Medien vermelden, dass die neue Amtsträgerin bzw. der Amtsträger sich klar zur Ökumene bekennen. Selbstverständlich sind alle für die Ökumene! Diese Entwicklung ist zunächst zweifellos zu begrüßen. Ein kurzer Blick in die Geschichte zeigt, dass konfessionalistische Abgrenzung und Rechthaberei wenn nicht gar für Blutvergießen wie im Dreißigjährigen Krieg, so doch mindestens für viel Leid gesorgt haben, etwa in Familien, deren Kinder konfessionsverschiedene Partnerinnen oder Partner heirateten. Das war zum Teil auch noch lange nach dem Zweiten Weltkrieg so; noch heute können Ältere von solchen Leiderfahrungen berichten. Bis Ende der 1960er Jahre mussten z. B. in Rheinland-Pfalz Grundschulkinder je nach Konfession in verschiedene Schulen gehen. In der Diaspora bedeutete das nicht selten, dass die Kinder sehr weite Schulwege hatten und nicht mit den Nachbarskindern gemeinsam beschult wurden. Es ist gut, dass solche Dinge mittlerweile längst Geschichte sind. Man kann freilich kritisch fragen, ob diese positive Entwicklung wirklich Fortschritten in der Ökumene zu verdanken ist oder nicht vielmehr einer verbreiteten Indifferenz in religiösen

Angelegenheiten geschuldet ist. Manchmal hat man auch den Eindruck, es ist die schiere Not, die evangelische und katholische Kirchenvertreterinnen und -vertreter zusammenrücken und miteinander kooperieren lässt. Wenn etwa an Semestereröffnungs- und -abschlussgottesdiensten der Hochschulen nur noch eine verschwindend kleine Zahl von Studierenden teilnimmt, dann feiert man besser zusammen, damit diese Zahl wenigstens etwas größer wird.

Ein auffälliger Kontrast besteht zwischen den oft geradezu enthusiastischen Bekenntnissen zur Ökumene sowie den vielfältigen entsprechenden Aktivitäten einerseits und den doch eher ernüchternden kirchenoffiziell-verbindlichen Fortschritten andererseits. Die öffentlichkeitswirksame Unterzeichnung der von einer gemischten katholisch-lutherischen Arbeitsgruppe erarbeiteten „Gemeinsamen Erklärung zur Rechtfertigungslehre" – genauer der „Gemeinsamen Offiziellen Feststellung" dazu samt „Annex" – am letzten Reformationstag im zweiten Jahrtausend (1999) in Augsburg, der Stadt der Confessio Augustana von 1530 und des Religionsfriedens von 1555, rief im Vorfeld nicht nur einen wohl beispiellosen Protest von Seiten der universitären evangelischen Theologie hervor, sondern blieb auch in der kirchlichen Praxis im Grunde folgenlos. Der Entstehungs- und Entscheidungsprozess der „Gemeinsamen Erklärung" bzw. des dazugehörigen Dokumentenkomplexes war recht holprig. So wurden zunächst über den Lutherischen Weltbund nur die damals dreizehn lutherischen, nicht aber die unierten und reformierten Landeskirchen in Deutschland eingebunden. Und obwohl nur eine lutherische Landeskirche der „Gemeinsamen Erklärung" vorbehaltlos zustimmte, während die anderen verschiedene Vorbehalte geltend machten und drei lutherische Landeskirchen sogar ihre Zustimmung rundweg verweigerten, wertete der Rat des Lutherischen Weltbundes die Voten als mehrheitlich zustimmend, wobei er kurzerhand auch noch das traditionelle lutherische Prinzip des großen Konsenses (*magnus consensus*) durch ein Mehrheitsprinzip ersetzte, bei dem die Mitgliederzahl der Kirchen die entscheidende Rolle spielte.[93] Die offizielle römisch-katholische Reaktion auf die „Gemeinsame Erklärung" war zunächst im Grunde ablehnend: Man könne „noch nicht von einem so weitgehenden Konsens sprechen ..., der jede Differenz zwischen Katholiken und Lutheranern im Verständnis der Rechtfertigung ausräumen würde"[94].

Es folgten geheime Nachverhandlungen, deren Ergebnis ein zusätzlicher Text war, nämlich die „Gemeinsame Offizielle Feststellung", die zudem noch durch einen „Annex" ergänzt wurde. Der Bochumer (später Berliner) Kirchenhistoriker Johannes Wallmann, einer der prominenten Kritiker, wertete insbesondere den „Annex" als eine Preisgabe des in der „Gemeinsamen Erklärung" noch beschrittenen Weges des differenzierten Konsenses, also einer Ökumene der versöhnten Verschiedenheit, und als eine „neue korrigierende Deutung" der „Gemeinsamen Erklärung" im Sinne der katholischen Rechtfertigungslehre, wie sie das Konzil von Trient in der Mitte des 16. Jahrhunderts als Reaktion auf die reformatorische Rechtfertigungslehre formuliert hatte. Er stellte zudem die Frage, welche Verbindlichkeit die beiden Zusatzdokumente eigentlich hätten, mit denen die Mitgliedskir-

---

93 Johannes Wallmann, Kirchengeschichte Deutschlands seit der Reformation, Tübingen ⁷2012, S. 320–322.

94 Antwort der Katholischen Kirche auf die Gemeinsame Erklärung zwischen der Katholischen Kirche und dem Lutherischen Weltbund über die Rechtfertigungslehre, Rom, 25.06.1998, abgedruckt in: epd-Dokumentation 27a/1998, S. 1–3, hier: 1.

chen des Lutherischen Weltbundes sich gar nicht hätten befassen können. Während katholischerseits dann von einem Vertrag gesprochen werde, der in Augsburg unterzeichnet worden sei, sei von offizieller lutherischer Seite aus erklärt worden, es handele sich lediglich „um eine symbolische Bestätigung"[95]. Ganz im Gegensatz zu Wallmann sah der Tübinger Theologe Eberhard Jüngel seine ursprünglich geäußerten Bedenken gegen die „Gemeinsame Erklärung" – er hatte u. a. vor „Schummelökumene" gewarnt – durch die Zusatzdokumente allerdings ausgeräumt.

Inhaltlich ging es um das zentrale Thema der Reformation, die Frage, wie der Mensch vor Gott gerecht wird. Nach lutherischer Lehre geschieht das allein aus Gottes Gnade, ohne menschliches Zutun, allein durch den Glauben, also das Vertrauen auf Gottes Gnade. Dies ist der Artikel, mit dem die Kirche steht und fällt (articulus stantis et cadentis ecclesiae). Von lutherischer Seite aus ging es bei der „Gemeinsamen Erklärung" also um das Herzstück des christlichen Glaubens schlechthin. Katholischerseits wurde das bereits im endgültigen Text der „Gemeinsamen Erklärung" relativiert: Katholiken sähen „sich von mehreren Kriterien in Pflicht genommen"[96]. Zudem wurde insbesondere im „Annex" deutlich, dass die katholische Kirche nicht bereit war, ihr synergistisches Verständnis der Rechtfertigungslehre, wonach der Mensch bei der Rechtfertigung mitwirkt, zu revidieren. Auch andere Grundsätze, die unmittelbar mit der lutherischen Rechtfertigungslehre zusammenhängen, wie die Charakterisierung des Christenmenschen als gerecht und sündig zu-

---

95 Wallmann, Kirchengeschichte (wie Anm. 93), S. 322 f.
96 Gemeinsame Erklärung zur Rechtfertigungslehre, 1997, 18, abgedruckt in: epd-Dokumentation 46/1997, S. 21-28, hier: 23.

gleich (simul iustus et peccator), wurden katholischerseits zurückgewiesen. Schon im Text der „Gemeinsamen Erklärung" zeigte sich, dass ein Konsens vielfach nur durch Formelkompromisse möglich schien; es wurden Begriffe wie Glaube und Sünde verwendet, die dann aber unterschiedlich verstanden bzw. gefüllt wurden.

In der Rückschau ist zweifellos positiv zu beurteilen, dass über die für die reformatorische Theologie so zentrale Rechtfertigungslehre intensiv und im ökumenischen Kontext nachgedacht wurde, und zwar dank der ausführlichen Berichterstattung insbesondere in der „Frankfurter Allgemeinen Zeitung", aber auch in anderen Zeitungen, wie der Wochenzeitung „Die Zeit", nicht nur in theologischen und kirchlichen Kreisen, sondern auch in einer breiteren, wenn auch bildungsbürgerlichen Öffentlichkeit. Sichtbare Konsequenzen für die Gemeindepraxis, wie etwa die Zulassung von Protestantinnen und Protestanten zur katholischen Eucharistiefeier oder die Anerkennung der evangelischen Kirche als Kirche sowie des evangelischen Pfarramtes durch die katholische Kirche, blieben bis heute aus. Verschiedene Aktivitäten des Vatikans im Jubiläumsjahr 2000 nach Christi Geburt, wie die Ausrufung eines besonderen Jubiläumsablasses, die Seligsprechung des für das Unfehlbarkeitsdogma von 1870 maßgeblich verantwortlichen Papstes Pius IX. oder die Erklärung „Dominus Jesus", in der der Absolutheitsanspruch der römisch-katholischen Kirche – bemerkenswerterweise unter ausdrücklicher Berufung auf das meist einseitig als fortschrittlich interpretierte Zweite Vatikanische Konzil – bekräftigt wurde, wurden gar als Konterkarieren der „Gemeinsamen Erklärung" aufgefasst.

Umstritten war etwa auch die als ökumenisches Ereignis begangene Wallfahrt zum „Heiligen Rock" im Trierer Dom

2012.[97] Seitens der Evangelischen Kirche im Rheinland, die sich in vielfältiger Weise – organisatorisch, personell, finanziell, in Form von Werbung – an der Vorbereitung und Durchführung der Wallfahrt beteiligte, wurde betont, dass der „Heilige Rock" nicht echt, sondern vielmehr ein Symbol sei. Es handele sich deshalb auch nicht um eine Reliquienverehrung, die wie früher mit einem besonderen Ablass verbunden sei, sondern um eine Wallfahrt zu Christus. Dies stand aber in offenkundigem Widerspruch zu katholischen Äußerungen und Maßnahmen. Im Trierer Domradio erklärte der Trierer Bischof Stephan Ackermann, man könne bei dem ausgestellten Rock „sicher davon ausgehen, dass es Spuren gibt, die zurückführen zu Jesus Christus und ins Heilige Land"[98]. Und das Trierer Bistum, das zwar auch von einem Symbol sprach, betonte, unabhängig von der Frage der materiellen Echtheit könne man auf jeden Fall von einer „spirituellen Echtheit" sprechen, da die Tunika Christi seit 800 Jahren von gläubigen Christen verehrt werde. Schließlich überbrachte Kurienkardinal Walter Brandmüller dann doch einen besonderen Ablass zu der Heilig-Rock-Wallfahrt, den der Trierer Bischof Ackermann als erster entgegennahm – vielleicht auch entgegennehmen musste? Von den Widersprüchen abgesehen, blieb das Symbolverständnis ungeklärt. Symbole sind immer mehrdeutig und es spricht vieles dafür, dass in der

---

97 Vgl. etwa die Kontroverse: Barbara Rudolph, Eine ökumenische Herausforderung: Die Heilig-Rock-Wallfahrt 2012 – Thomas Martin Schneider, Symbolische Event-Ökumene? Zur evangelischen Beteiligung an der Heilig-Rock-Wallfahrt 2012, in: Materialdienst des Konfessionskundlichen Instituts Bensheim (MD) 2, 2012, S. 23–26 bzw. 26–29.

98 Interview am 01.02.2012 (https://www.domradio.de/artikel/bischof-ackermann-ueber-die-diskussionen-um-die-oekumenische-ausrichtung-der-heilig-rock – Zugriff 07.09.2022).

Öffentlichkeit weithin wahrgenommen wurde, dass die katholische und evangelische Christenheit im Rheinland unter dem Dach der katholischen Bischofskirche anlässlich einer wie auch immer gearteten bzw. wie auch immer zu interpretierenden Reliquienverehrung zusammenkommen sollte, zumal erklärt wurde, dass man sich „mit dem Zwischenschritt, den die Ökumene zur Zeit darstellt – versöhnt verschieden – auf lange Sicht nicht zufrieden geben" dürfe.[99] Die spitzfindige Unterscheidung zwischen materieller und spiritueller Echtheit ist aus evangelisch-theologischer Sicht wenig hilfreich. Im Gegenteil drängt sich der Eindruck auf, als könne man ein Stück Stoff durch jahrhundertelange Verehrung gleichsam religiös aufladen und gewissermaßen echt beten – eine nach reformatorischem Verständnis ganz abwegige Vorstellung. Auch das Ökumeneverständnis wirft Fragen auf: Ist eine Ökumene des differenzierten Konsenses bzw. der versöhnten Verschiedenheit denn tatsächlich schon erreicht? Katholischerseits werden, wie eben schon erwähnt, die evangelische Kirche als Kirche, deren Ämter – ganz zu schweigen von den mit Frauen besetzten – und das Sakrament des Abendmahls bis heute nicht anerkannt; evangelischen Christen bleibt die Teilnahme an der katholischen Eucharistie verwehrt. Zudem stellt sich aus evangelischer Sicht sehr die Frage, ob eine Einheitsökumene, die über eine Ökumene des differenzierten Konsenses hinausgeht, überhaupt erstrebenswert ist und nicht die lebendige Vielfalt des Christentums sowie den fröhlichen Wettstreit unterschiedlicher Auslegungswege gleichsam abwürgen würde.

Das Votum „Gemeinsam am Tisch des Herrn" eines „Ökumenischen Arbeitskreises evangelischer und katholischer

---

99 „Ökumene-Flyer" zur Heilig-Rockwallfahrt 2012.

Theologen" von 2019[100], das u. a. auch von dem Vorsitzenden der Deutschen Bischofskonferenz, Georg Bätzing, ausdrücklich begrüßt wurde,[101] wurde vom Vatikan brüsk zurückgewiesen.[102]

Auf katholischer Seite sorgte es u. a. für Irritationen, dass 2020 Repräsentanten der evangelischen Kirche wie der hannoversche Landesbischof Ralf Meister den bisherigen ökumenischen Konsens, aktive Sterbehilfe abzulehnen, aufkündigten und assistierten Suizid selbst in kirchlichen Einrichtungen für vorstellbar erklärten.[103]

Wie oben schon erwähnt, habe ich im Übrigen den Eindruck, dass Ökumene nicht selten auf Gleichgültigkeit beruht: Alles ist gleich gültig und deshalb gleichgültig. Oder man sucht nach dem kleinsten gemeinsamen Nenner. Das kann dann z. B. so aussehen: Der Buß- und Bettagsgottesdienst wird als ökumenischer Gottesdienst gefeiert und, weil

---

100 Gemeinsam am Tisch des Herrn. Votum des Ökumenischen Arbeitskreises evangelischer und katholischer Theologen, hg. von Volker Leppin/Dorothea Sattler (Dialog der Kirchen 17), Freiburg i. Br./Göttingen 2020.

101 Statement von Bischof Dr. Georg Bätzing vom 11.09.2019 (https://oekumene. bistumlimburg.de/fileadmin/redaktion/Bereiche/oekumene.bistumlim burg.de/downloads/Stellungnahme_von_Bischof_Georg_Baetzing.pdf – Zugriff 07.09.2022).

102 Schreiben des Präfekten der vatikanischen Glaubenskongregation, Luis F. Kardinal Ladaria, an Bischof Georg Bätzing vom 18.09.2020 (https://dbk. de/fileadmin/redaktion/diverse_downloads/dossiers_2020/2020-09-18_Kard.-Ladaria_Lettera-Vorsitzender-DBK.PDF – Zugriff 07.09.2022).

103 Ralf Meister, „Sterbehilfe in kirchlichen Einrichtungen ist vorstellbar!" Interview mit M. Schmalenbach, in: Christ & Welt, 26.08.2020 (https:// www.zeit.de/2020/36/ralf-meister-bischof-sterbehilfe-kirche-tabu – Zugriff 07.09.2022). Zur Kritik an Meisters Haltung von katholischer Seite vgl. u. a.: https://www.katholisch.de/artikel/26672-katholische-bischoefe-kritisieren-landesbischof-in-suizid-debatte – Zugriff 07.09.2022.

man die anwesenden katholischen Mitchristen und deren Priester nicht provozieren möchte, verzichtet man auf die Feier des Abendmahls. Damit beraubt man ja aber den Buß- und Bettagsgottesdienst eines seiner zentralen Inhalte – womöglich auch ein Grund dafür, dass er von Jahr zu Jahr schlechter besucht zu werden scheint, obwohl ja die katholischen Geschwister ausdrücklich mit eingeladen werden? Das 500. Reformationsjubiläum 2017 wurde weithin als „Christusfest" gefeiert, um eine ökumenische Öffnung zu ermöglichen. Nun kann man Christus zwar kaum als kleinsten gemeinsamen Nenner bezeichnen, aber das reformatorische „Allein Christus" (solus Christus), dem man keine Heilsmittler (Maria und die Heiligen) zur Seite zu stellen und der keinen menschlichen Stellvertreter auf Erden (Papst) braucht, wurde bei dieser Form des Reformationsgedenkens mehr oder weniger unsichtbar. Ein ökumenisches Christusfest kann man im Übrigen immer feiern; dafür braucht man nicht die Erinnerung an den Beginn der Reformation.

Das Zusammenleben von römisch-katholischen und evangelischen Christen ist in Deutschland mittlerweile Gott sei Dank völlig problemlos. Davon abgesehen, ist die Lehrkonsensökumene allerdings an ihre Grenzen gestoßen und kaum jemand gibt sich hier noch irgendwelchen Illusionen hin. Woran es zu mangeln scheint, ist nicht so sehr das ökumenische Engagement, sondern die eigene Glaubenssubstanz, die in den ökumenischen Dialog einzubringen wäre.

Zwischen Reform und Rückzug – Religionsunterricht

Um den Religionsunterricht, genauer um dessen Konfessionalität, wird seit langem gestritten. So vertrat etwa schon der bekannte Reformpädagoge Adolph Diesterweg im 19. Jahr-

94

hundert die Konzeption eines von allen kirchlich-konfessio-
nellen Elementen gereinigten „Allgemeinen Religionsunterrichtes". Dahinter steckte eine radikal aufklärerisch-ratio-
nalistische Sichtweise, für die Religiosität lediglich dem
Erstreben höchster Sittlichkeit diente. Letztlich wollte Diesterweg den Religionsunterricht sogar als eigenen Fachunter-
richt eliminieren; Religion sollte nur noch gleichsam als eine
Art Unterrichtsprinzip in allen übrigen Fächern präsent sein.
War das, wie viele heute meinen, eine fortschrittliche und zu-
kunftsweisende Idee?

Im Lager des politischen Liberalismus und erst recht auf
Seiten der politischen Linken gab es, wie oben bereits dargelegt, nach dem Ende der Monarchie und des Staatskirchen-
tums in Deutschland 1918 starke laizistische bzw. sogar kir-
chenfeindlich-atheistische Tendenzen, die den Religionsunterricht aus der Schule verbannen wollten. Dazu kam es nicht.
Die im Wesentlichen von dem liberalen, jüdischen Staats-
rechtler Hugo Preuß entworfene Reichsverfassung von 1919
fand für den Religionsunterricht eine ausgesprochen kluge
Lösung, die sowohl der weltanschaulich-religiösen Neutrali-
tät des demokratischen Rechtsstaates als auch dem Recht auf
religiöse Bildung gerecht wurde; sie gewährte negative Religionsfreiheit – im Sinne eines Abwehrrechtes – wie auch positive Religionsfreiheit – im Sinne eines Gestaltungsrechtes. So
sollte der Staat zwar Religionsunterricht an der öffentlichen
Schule ermöglichen, dessen inhaltliche Ausgestaltung aber
weitgehend den verschiedenen Religions- und Weltanschau-
ungsgemeinschaften – und zwar nicht nur den beiden Großkirchen, sondern auch der jüdischen Kultusgemeinde (grundsätzlich auch allen anderen Religionen und Weltanschau-
ungen, die aber damals in Deutschland eine *Quantité négli-
geable* waren) – überlassen. Und dieser Religionsunterricht

sollte zwar sachlich, nicht aber persönlich obligatorisch sein, d. h. er sollte ordentliches Lehrfach sein, aber niemand sollte dazu genötigt sein, daran teilzunehmen. Nachdem die Nationalsozialisten, darunter auch nationalsozialistisch gesinnte Pfarrer und Religionslehrkräfte, versucht hatten, den Religionsunterricht in ihrem Sinne zu instrumentalisieren, später auch ganz abzuschaffen, übernahm das Grundgesetz für die Bundesrepublik Deutschland nahezu wörtlich die Bestimmungen der Weimarer Reichsverfassung zum Religionsunterricht und rückte sie sogar ganz nach vorne, indem es sie unter die Grundrechte, die ersten 20 Artikel, einordnete. Im Zusammenhang mit der „68er"-Bewegung geriet der Religionsunterricht erneut in die Kritik. Es gab seinerzeit Aufrufe zur Abmeldung vom Religionsunterricht und das Kirchenpapier der damals an der Bundesregierung beteiligten FDP von 1974 forderte eine freie Wahlmöglichkeit zwischen konfessionellem Religionsunterricht und einem völlig gleichwertigen rein staatlich verantworteten Religionskundeunterricht.[104]

Nach dem Fall der Mauer und der deutschen Wiedervereinigung 1990 wurde wiederum heftig um den Religionsunterricht gerungen. Während Mecklenburg-Vorpommern, Sachsen, Sachsen-Anhalt und Thüringen gemäß Artikel 7 des Grundgesetzes konfessionellen Religionsunterricht an den Schulen einführten, beschritt Brandenburg einen Sonderweg. Nach einer Erprobungsphase wurde dort 1996 ein für alle Schülerinnen und Schüler verpflichtender, rein staatlich verantworteter Unterricht in „Lebensgestaltung-Ethik-Religionskunde" (LER) eingeführt, was zu heftigem Widerspruch führte und jahrelang das Bundesverfassungsgericht beschäf-

---

104 https://gbs-hh.de/pdf/Thesen-FDP-Kirchenpapier.pdf (Zugriff 07.09.2022).

tigte. Die LER-Befürworter verwiesen auf den hohen Anteil an konfessionslosen Schülerinnen und Schülern in Brandenburg und die zunehmende weltanschaulich-religiöse Pluralisierung der Gesellschaft. Hinzu kamen laizistische Argumente, die teilweise sogar von kirchlichen Kreisen geteilt wurden, die an der rein kirchlich organisierten „Christenlehre", wie sie notgedrungen in der DDR praktiziert worden war, festhalten wollten. Verfassungsrechtlich berief man sich auf den Ausnahmeartikel 141 des Grundgesetzes, der bis dahin nur für das kleine Bundesland Bremen gegolten hatte und deswegen auch „Bremer Klausel" genannt wird. Bremen hatte 1947 einen „bekenntnismäßig nicht gebundenen Unterricht in Biblischer Geschichte auf allgemein christlicher Grundlage" als ordentliches Lehrfach für alle, also auch für nicht-christliche Schülerinnen und Schüler, eingeführt.[105] Dieser Unterricht wurde ausschließlich vom – weltanschaulich neutralen – Staat verantwortet, der also definieren durfte oder musste, was die „christliche Grundlage" der „Biblischen Geschichte" ist, und damit, je nach Sichtweise, entweder überfordert oder übergriffig sein musste. Paradoxerweise war eine Abmeldung von diesem Unterricht möglich und es wurden in Bremen alternativ Ethik, Philosophie und Islamkunde angeboten. Da das Verfahren zu Brandenburg vor dem Bundesverfassungsgericht nicht mit einem Urteil, sondern mit einem Vergleich endete, ist die Frage, ob sich Brandenburg zu Recht auf die „Bremer Klausel" berufen konnte, bis heute juristisch eigentlich ungeklärt. Der Vergleich aus dem Jahre 2001 sieht die Möglichkeit der „Abmeldung vom Fach LER ... bei Teilnahme

---

105 Landesverfassung Bremen, Artikel 32 (https://www.bremische-buerger schaft.de/fileadmin/user_upload/Informationsmaterial/Landesverfassung Bremen_2016_web.pdf – Zugriff 07.09.2022).

am [konfessionellen] Religionsunterricht durch einfache Erklärung gegenüber der Schule" vor.[106] Eine Übergriffigkeit des Staates konnte so verhindert werden. Dass man sich in Brandenburg nicht, wie sonst üblich, vom konfessionellen Religionsunterricht in den Ethikunterricht abmelden kann, sondern umgekehrt, entspricht den dortigen religiösen Mehrheitsverhältnissen, ändert aber in der Sache eigentlich nichts. Als Aufgabe und Ziel des LER-Unterrichtes war insbesondere der Toleranzgedanke hervorgehoben worden. Interessant ist, wie dieser Toleranzgedanke von jüdischer Seite – also von unverdächtiger Seite, der es etwa gewiss nicht um Privilegien für die Großkirchen ging – beurteilt wurde. Die kleine Jüdische Gemeinde im Land Brandenburg warnte vor dem Ziel der Erziehung zu einer „multikulturelle[n] interkonfessionelle[n] Persönlichkeit". Man befürchte nämlich, eine solche Persönlichkeit zeichne sich aus

> „durch ein überhebliches Selbstbewußtsein, sich sein moralisches Gütesiegel durch das ‚besser sein‘ zu verschaffen: Dieses Individuum ist gut, weil es den interkonfessionellen und multikulturellen Durch- und Überblick besitzt und so für vieles Verständnis und Geduld aufbringt. Es ist besser, weil es dem, was es versteht, und dem, was es toleriert, in keiner Weise verpflichtet ist. Die Begegnung mit den zynischen Methodikern, ausgestattet mit überheblicher Toleranz gegenüber jeder inhaltlichen Besonderheit, ist alles andere als angenehm."[107]

Anders als in Brandenburg konnte in Berlin ein Einheitspflichtunterricht Ethik nicht verhindert werden. Immerhin votierte knapp die Hälfte (48,4 %) derjenigen, die sich an

---

106 Vgl. Bundesverfassungsgericht, Pressemitteilung Nr. 114/2001 vom 11.12. 2001. Auch die Teilnahme an beiden Fächern ist möglich.

107 Jüdische Gemeinde Land Brandenburg, Stellungnahme zum Modellversuch LER, s. d. (masch.).

einem Volksentscheid dazu im April 2009 beteiligten, genau 345.004 Wählerinnen und Wähler, anders.[108] Von einem Konsens im Hinblick auf den Ethikunterricht kann jedenfalls in Berlin nicht gesprochen werden. Neben dem verpflichtenden Ethikunterricht bleibt in Berlin die freiwillige zusätzliche Teilnahme am konfessionellen Religionsunterricht möglich.

In Hamburg gibt es einen „Interreligiösen Religionsunterricht für alle". Über viele Jahre wirkten zwar verschiedene Religionsgemeinschaften – nicht allerdings die katholische Kirche – an den Rahmenplänen für diesen Unterricht mit, jedoch wurde er letztlich ausschließlich von der evangelischen Landeskirche als Vertragspartnerin des Bundeslandes Hamburg verantwortet und auch die Lehrkräfte mussten dem evangelischen Bekenntnis angehören. Der eigene Anspruch, in besonderer Weise dem interreligiösen Dialog gerecht zu werden, einerseits und die rechtliche Verankerung als bekenntnisgebundener Religionsunterricht nach Artikel 7 Grundgesetz andererseits warfen viele Fragen auf[109]; entsprechend umstritten war das Hamburger Modell.[110] Nachdem der Hamburger Senat auch mit anderen Religionsgemeinschaften Verträge abgeschlossen hatte, die ihnen das Recht auf eigenen Religionsunterricht einräumten, können seit 2020 auch muslimische, alevetische und jüdische Religionslehrkräfte den gemeinsamen Religionsunterricht für alle durchführen. Nach Möglichkeit sollen sich die Lehrkräfte abwechseln. Im April 2022 erklärte schließlich auch das katholische Hambur-

---

108 Vgl. file:///C:/Users/thschnei/AppData/Local/Temp/volksentscheid_ethik_religion.pdf (Zugriff am 07.09.2022).

109 Vgl. etwa Horst Gloy, Hamburg, in: LexRP I (2001), Sp. 784–786, hier: 786.

110 Vgl. etwa Karl Ernst Nipkow, Religionsunterricht für alle? Stellungnahme zum Hamburger Modell, in: ZPT (52) 2000, S. 293–311.

ger Erzbistum, dass man sich an dem „Religionsunterricht für alle" beteiligen wolle. Bis dahin hatte sich die Hamburger katholische Kirche auf ihre eigenen Privatschulen konzentriert und katholische Eltern aufgefordert, ihre Kinder dorthin zu schicken. Auf Grund finanzieller Probleme war aber dieses katholische Privatschulsystem in den vergangenen Jahren stark unter Druck geraten. Die Idee des Hamburger Modells ist, dass die Schülerinnen und Schüler mit ihren unterschiedlichen Bekenntnissen selbst untereinander das interreligiöse Gespräch führen, während die Lehrkräfte sich mit eigenen Bekenntnisäußerungen zurückhalten und im Wesentlichen das Gespräch der Klasse moderieren: „Die Lehrkraft organisiert und inszeniert ... im Klassenraum die dialogische Begegnung unterschiedlicher Standpunkte zu religiösen Themen."[111]

In Bremen hat man 2014 den „Unterricht in Biblischer Geschichte auf allgemein christlicher Grundlage" durch das neue Fach „Religion" ersetzt, in dem nun auch verstärkt nicht-christliche Religionen behandelt werden sollen. Zwar gibt es einen Beirat, dem Vertreterinnen und Vertreter verschiedener Religionsgemeinschaften angehören, jedoch handelt es sich bei dem neuen Fach letztlich um einen rein staatlich verantworteten, nicht-konfessionellen Religionskundeunterricht, wie ihn etwa der Mainzer Religionspädagoge Gert Otto, der auch einer der Väter von LER war, bereits 1990 gefordert hatte.[112] Kritik an dem neuen Fach gab es u. a. von islamischen Verbänden, die von einem „Gemischtwarenladen"

---

111 Hans-Ulrich Kessler, Der Hamburger Weg. Religionsunterricht für alle in evangelischer Verantwortung, in: Schönberger Hefte 1, 2011, S. 24 f., hier: 25.
112 Gert Otto, Religionskunde in der Schule. Konfessioneller Unterricht ist ein Anachronismus, in: Evangelische Kommentare 1, 1992, S. 31–34.

sprachen und einen eigenen islamischen Religionsunterricht forderten.[113] Inwieweit der neue Religionskundeunterricht in Bremen noch durch die „Bremer Klausel" abgedeckt ist, die sich ausdrücklich auf die dort gültige „landesrechtliche Regelung" vom 1. Januar 1949 bezieht, ist eine wohl noch nicht abschließend geklärte verfassungsrechtliche Frage.

In Baden-Württemberg, Hessen und Nordrhein-Westfalen – hier zunächst nur außerhalb der Grenzen des Erzbistums Köln – gibt es seit einigen Jahren verschiedene Modelle von konfessionell-kooperativem Religionsunterricht,[114] bei dem entweder die evangelische Religionslehrkraft die katholischen Schülerinnen und Schüler mit unterrichtet oder umgekehrt. Dabei sollen auch konfessionsspezifische und kontroverse Themen zur Sprache kommen, was allerdings konfessionssensibel, also mit der gebotenen Rücksicht auf die bekenntnismäßigen Überzeugungen und Befindlichkeiten der Schülerinnen und Schüler mit der jeweils anderen Konfession, geschehen soll. Es gelten die jeweils gültigen Lehrpläne für evangelischen bzw. katholischen Religionsunterricht, allerdings gibt es Lehrerfortbildungen zu Inhalten der jeweils anderen Konfession und es soll auch hier ein regelmäßiger Lehrerwechsel stattfinden. In Rheinland-Pfalz ist man seit etlichen Jahren ebenfalls darum bemüht, konfessionell-kooperativen Religionsunterricht einzuführen; bislang gibt es nur Erprobungen an einigen wenigen Schulen. 2022 gab schließlich auch der Kölner Erzbischof seinen Widerstand gegen den konfessionell kooperativen Religionsunterricht auf;

---

113 https://www.gew-hb.de/aktuelles/detailseite/das-neue-fach-religion (Zugriff 07.09.2022).

114 Vgl. hierzu u. a.: Ulrike Baumann/Paul Platzbecker, Religionsunterricht konfessionell-kooperativ gestalten (= in: Religion 4/2019).

ab dem Schuljahr 2023/24 ist er nun auch im Kölner Erzbistum möglich.[115]

Im Mai 2021 überraschten die evangelischen Landeskirchen und katholischen Bistümer in Niedersachsen die Öffentlichkeit mit der Ankündigung, einen gemeinsamen christlichen Religionsunterricht einführen und damit noch einen Schritt weiter als der konfessionell-kooperative Religionsunterricht gehen zu wollen.[116] Auch die Idee eines gemeinsamen evangelisch-katholischen ökumenischen Religionsunterrichtes ist nicht neu. Der evangelische Religionspädagoge Rainer Lachmann und sein katholischer Kollege Godehard Ruppert hatten einen solchen Unterricht, bei dem es in erster Linie um die „Elementaria des christlichen Glaubens" gehen soll, bereits 1996 gefordert.[117]

Die zahlreichen Reformen und Reformvorhaben im Hinblick auf den Religionsunterricht nach 1990 kann man einerseits positiv beurteilen: Die Verantwortlichen bemühten bzw. bemühen sich nach Kräften, flexibel auf gesellschaftliche Veränderungen und aktuelle Herausforderungen zu reagieren und den Religionsunterricht gegenwarts- und zukunftstauglich zu machen.

Andererseits kann man sich des Eindrucks nicht erwehren, als wolle man in einem wenig abgestimmten Reformeifer und regelrechten wechselseitigen Überbietungswettbewerb versuchen, einem längst abgefahrenen Zug hinterherzulaufen und zu retten, was eigentlich nicht mehr zu retten

---

115 https://www.erzbistum-koeln.de/news/Erzbistum-Koeln-ermoeglicht-Konfessionelle-Kooperation-im-Religionsunterricht/ (Zugriff 07.09.2022).

116 https://www.faz.net/aktuell/politik/inland/niedersachsen-kirchen-wollen-gemeinsamen-religionsunterricht-17348551.html (Zugriff 07.09.2022).

117 Rainer Lachmann/Godehard Ruppert, Anleitung zum Dialog, in: Evangelische Kommentare 4, 1996, S. 212 f., Zitat: 212.

ist. Jedenfalls gibt es Indizien dafür, dass weniger neue inhaltliche Einsichten, als vielmehr äußerer Druck zu den Reformen führten. Trotz grundgesetzlichem Schutz sind die in den letzten Jahrzehnten signifikant zunehmenden Diffusionserscheinungen des Religionsunterrichtes nicht zu übersehen. In einer empirischen Studie für das Rheinland und Westfalen von 2017 konstatierte die Religionspädagogin Ulrike Baumann etwa: „Offenbar haben in den Schulen Verhältnisse zugenommen, die den offiziellen rechtlichen Grundlagen für dieses Fach nicht entsprechen. Konfessioneller Religionsunterricht nach GG Art. 7,3 findet häufig nicht statt, ohne dass die Gründe dafür immer klar zu erkennen sind."[118] In Niedersachsen wurden „nach inoffiziellen Schätzungen bereits rund 40 Prozent des Religionsunterrichts" nicht mehr konfessionell erteilt.[119] Man kann fragen, wieso es beim Religionsunterricht zu solchen Verstößen gegen das Grundgesetz – eigentlich alles andere als ein Kavaliersdelikt! – überhaupt kommen konnte. Wer hat da nicht aufgepasst bzw. weggeguckt: die staatliche Schulaufsicht oder die kirchlichen Schulreferate und -abteilungen oder beide? Und woher nimmt man die Zuversicht, dass sich die Schulen bei den neuen Formen des Religionsunterrichtes an die Regeln, die etwa beim konfessionell-kooperativen Religionsunterricht durchaus komplex sind, halten werden? Offensichtlich ist der äußere Druck bei der lange verweigerten Zustimmung der katholischen Erzbischöfe aus Hamburg und Köln. Beide stehen wegen ih-

---

118 Ulrike Baumann, Hinführung: Von der Problemwahrnehmung zur Durchführung eines empirischen Forschungsprojekts, in: Martin Rothgangel/Christhard Lück/Philipp Klutz (Hg.), Praxis Religionsunterricht. Einstellungen, Wahrnehmungen und Präferenzen von ReligionslehrerInnen (Religionspädagogik innovativ 10), Stuttgart 2017, S. 9 f., Zitat: 9.
119 Wie Anm. 116.

res Verhaltens beim Umgang mit Fällen sexuellen Missbrauchs in der Kirche öffentlich massiv in der Kritik und sind mit Rücktrittsforderungen konfrontiert.

Ein klares Gefälle lässt sich erkennen: Während in Bayern noch am traditionellen konfessionellen Religionsunterricht festgehalten wird – lediglich während der Corona-Pandemie gab es hier einen zeitlich befristeten „kooperativen Religionsunterricht"[120] – und in Rheinland-Pfalz seit Jahren die Einführung von konfessionell-kooperativem Religionsunterricht angekündigt, aber nicht umgesetzt wird, ist dieser in Baden-Württemberg, Hessen und Nordrhein-Westfalen bereits Wirklichkeit. In Niedersachen gilt auch konfessionellkooperativer Religionsunterricht bereits als überholt und man plant einen christlichen Gemeinschaftsunterricht. Demgegenüber wähnt man sich in Hamburg mit einem interreligiösen Religionsunterricht für alle schon noch weiter, der allerdings gemäß Grundgesetzartikel 7 noch irgendwie in Übereinstimmung mit den Grundsätzen der Religionsgemeinschaften durchzuführen ist. Auch diese letzte „Fessel" hat man dagegen in Bremen, Brandenburg und Berlin schon abgestreift. Wenn man dieses Gefälle betrachtet, so beschleicht einen der Verdacht, dass man sich bei einer Reform des Religionsunterrichts rasch auf eine schiefe Ebene begibt, auf der es letztlich kein Halten mehr gibt und an deren Ende der rein staatlich verantwortete Religionskunde- und Ethikunterricht steht, der ein positives Verhältnis zu einem bestimmten religiösen Bekenntnis weder vermitteln kann noch will.

---

120 Peter Schreiner, Hat der (konfessionelle) Religionsunterricht noch eine Zukunft?, in: CI Informationen 2, 2021, S. 3 f., hier: 3.

Die Förderung des ökumenischen und interreligiösen Gesprächs sind zweifellos wichtige Bildungsziele. Aber setzen sie nicht so etwas wie eine eigene religiöse Identität voraus? Müssen Schüler nicht zunächst ihre eigene Konfession kennenlernen, sich darin einüben und zu Hause fühlen oder auch daran reiben, bevor sie sinnvollerweise mit anderen ins Gespräch kommen können? Wie soll die in Hamburg intendierte „dialogische Begegnung unterschiedlicher Standpunkte" der Schülerinnen und Schüler gelingen, wenn diese womöglich nur diffuse, rudimentäre, verzerrte oder vielleicht sogar überhaupt gar keine Vorstellungen von „ihrer" Religion haben? Zu den Zielen des neuen Fachs Religion in Bremen heißt es: „Der Unterricht ersetzt nicht die religiöse Erziehung durch die Elternhäuser oder durch die Religionsgemeinschaften ..."[121] Gilt das nicht im Großen und Ganzen auch für alle anderen Reformmodelle des Religionsunterrichts? Wo aber findet religiöse Erziehung durch die evangelischen Elternhäuser oder durch die evangelischen Gemeinden denn noch in größerem Umfang statt? Vor dem Hintergrund des Traditionsabbruchs ist doch der schulische Religionsunterricht oft der einzige Ort, an dem Heranwachsende noch mit Religion konfrontiert werden. Die Kinder unserer muslimischen Freunde besuchen jahrelang an jedem Wochenende sechs Stunden lang die Moschee (hinzu kommen noch Ferienaktivitäten); und entgegen einem verbreiteten Vorurteil tun sie das ausgesprochen gerne, weil der Imam es versteht, das Koranstudium mit Spiel und Spaß zu verbinden. Kinder- und Jugendgottesdienste o. ä. finden in vielen christlichen Gemeinden dagegen kaum noch statt oder führen ein Schattendasein; der kirchliche Unterricht vor der Konfir-

---

121 Wie Anm. 113.

mation ist nicht selten auf wenige Monate zusammengeschrumpft und hat aus gemeindepädagogischen Erwägungen heraus seinen unterrichtlichen Charakter oft verloren. Die evangelische Konfession (wenn man sie denn schon als eine einheitliche betrachtet) ist zudem eine vergleichsweise arme Konfession, was besondere Frömmigkeitspraktiken, Riten und Gegenstände betrifft, die bei religionskundlichem, interreligiösem und ökumenischem Religionsunterricht nicht selten besonders im Fokus stehen. Natürlich ist auch der Religionsunterricht immer wieder reformbedürftig. Aber eine bessere länderübergreifende und innerkirchliche Abstimmung der Verantwortlichen wäre wohl ebenso nötig wie die Konzeption einer umfassenden, auch die kirchliche Arbeit mit Kindern und Jugendlichen miteinbeziehenden Reform, die nicht nur auf aktuelle Entwicklungen reagiert oder diesen sogar hinterherläuft. Auch sollte man den Wert der ausgesprochen klugen verfassungsrechtlichen Regelungen der Weimarer Reichsverfassung und unseres Grundgesetzes zu schätzen wissen und nicht den Eindruck erwecken, als beteilige man sich selbst an deren Aushöhlung. In einem Beschluss des Bundesverfassungsgerichts vom 25. Februar 1987 zum Religionsunterricht hieß es mahnend:

> „Seine Sonderstellung gegenüber anderen Fächern gewinnt der Religionsunterricht aus dem Übereinstimmungsgebot des Art. 7 Abs. 3 Satz 2 GG. Dieses ist so zu verstehen, daß er in ‚konfessioneller Positivität und Gebundenheit' zu erteilen ist ... Es ist keine überkonfessionelle vergleichende Betrachtung religiöser Lehren, nicht bloße Morallehre, Sittenunterricht, historisierende und relativierende Religionskunde, Religions- oder Bibelgeschichte. Sein Gegenstand ist vielmehr der Bekenntnisinhalt, nämlich die Glaubenssätze der jeweiligen Religionsgemeinschaft. Diese als bestehende Wahrheiten zu vermitteln ist seine Aufgabe ... Dafür, wie dies zu geschehen hat, sind grundsätzlich die Vorstellungen der Kirchen über Inhalt und Ziel der

Lehrveranstaltung maßgeblich. Ändert sich deren Verständnis vom Religionsunterricht, muß der religiös neutrale Staat dies hinnehmen. Er ist jedoch nicht verpflichtet, jede denkbare Definition der Religionsgemeinschaften als verbindlich anzuerkennen. Die Grenze ist durch den Verfassungsbegriff ‚Religionsunterricht‘ gezogen ... Auch wenn dieser Begriff nicht in jeder Hinsicht festgelegt ist, sondern wie der übrige Inhalt der Verfassung ‚in die Zeit hinein offen‘ bleiben muß, um die Lösung von zeitbezogenen und damit wandelbaren Problemen zu gewährleisten ..., verbietet sich eine Veränderung des Fachs in seiner besonderen Prägung, also in seinem verfassungsrechtlich bestimmten Kern. Deshalb wäre eine Gestaltung des Unterrichts als allgemeine Konfessionskunde vom Begriff des Religionsunterrichts nicht mehr gedeckt und fiele daher auch nicht unter die institutionelle Garantie des Art. 7 Abs. 3 Satz 1 GG.“[122]

Unverständlich bleibt schließlich, warum evangelischerseits einerseits wie in Hamburg akzeptiert wird, dass evangelische Schülerinnen und Schüler zumindest zeitweise auch von katholischen Lehrkräften oder Lehrkräften nicht-christlicher Religionen unterrichtet werden, andererseits etwa in Hessen-Nassau den ausgebildeten Lehrkräften mit dem Fach Evangelische Religionslehre, die evangelischen Freikirchen angehören, die auf Grund ihrer kongregationalistischen Strukturen auf Bundesebene nicht Vollmitglieder der Arbeitsgemeinschaft Christlicher Kirchen (ACK) sind – so etwa die Freie Evangelische Gemeinde (FEG) –, die kirchliche Bevollmächtigung (Vokation) und also die Ausübung ihres Berufs als Religionslehrkräfte verweigert wird.

Der evangelische Religionsunterricht ist in den vergangenen Jahrzehnten, von Ausnahmen wie der Haltung zu bestimmten Freikirchen abgesehen, immer offener und tole-

---

122 http://datenbank.flsp.de/flsp/lpext.dll/Infobase8/r/religionsunterricht/65 2nr15?fn=document-frame.htm&f=templates&2.0# (Zugriff 07.09.2022).

ranter geworden. Die Offenheit und Toleranz sind einerseits zu begrüßen. Andererseits scheint der Religionsunterricht zugleich als ein Fach mit der Bezugswissenschaft Evangelische Theologie und dem Bezug zu einer bestimmten Konfession an Substanz und Profil verloren zu haben. Von benachbarten Fächern wie Religionskunde, Ethik und Sozialkunde mit den Bezugswissenschaften vergleichende Religionswissenschaft, Philosophie und Sozialwissenschaften unterscheidet er sich offenbar immer weniger. Ein Gesamtkonzept ist erforderlich, wie die kirchliche Kinder- und Jugendarbeit auf den schulischen Religionsunterricht bezogen werden könnte und umgekehrt, ohne die jeweiligen Grenzen zu verwischen.

Luther zwischen Hype und Verdammnis – die Jubiläen 2017 und 2021

Das mit großem Aufwand und erheblicher staatlicher Unterstützung gefeierte 500. Reformationsjubiläum 2017 samt der vorangegangenen Reformationsdekade ab 2009 war durch einen regelrechten Hype um die Person Martin Luthers geprägt und brachte u. a. einen einmaligen bundesweiten Feiertag sowie gleich drei große nationale Sonderausstellungen hervor.[123]

Inhaltlich sollten vor allem zwei Ziele, ein staatspolitisches und ein kirchenpolitisches, verfolgt werden. Zum einen sollte, so wurde in einem von der staatlichen und der kirchlichen Geschäftsstelle des Reformationsjubiläums gemeinsam herausgegebenen Band resümiert, die Reformation „als gemeinsame Quelle der westlichen Wertewelt" und Luther als „Vorkämpfer für Gedankenfreiheit und Zivilcourage" aufge-

---

123 Vgl. zum ganzen Abschnitt: Thomas Martin Schneider, Nachlese zum Reformationsjubiläum 2017, in: KJ 145/2018, S. 197–214.

108

zeigt und „in ein demokratisches Wertesystem" integriert werden, wobei zugleich „eine Heroisierung vermieden" und „die Schattenseiten des Reformators und der Reformation ... offen debattiert" werden sollten; zum anderen sollte das Reformationsjubiläum „zu einem konfessionsverbindenden, ökumenischen Gedenken an die ursprüngliche religiöse Intention der Reformation" werden.[124]

Geradezu demonstrativ unbekümmert im Hinblick auf den historischen Luther zeigte sich die EKD-Reformationsbotschafterin Margot Käßmann in einem programmatischen Zeitschriftenbeitrag mit der Überschrift: „Im Kontext unserer Zeit. Das Reformationsjubiläum 2017 und die politische Dimension des Freiheitsbegriffes."[125] Gleich zu Anfang hieß es dort: „Reformationsjubiläen waren stets von ihrem Kontext geprägt. Was zeigt sich schon heute als das Besondere am Jubiläumszeitpunkt 2017?" Sodann ging die Autorin auf aktuelle Problemfelder ein: die „Ökumene", insbesondere mit dem römischen Katholizismus, den „Dialog der Religionen", insbesondere mit Juden und Muslimen, „Frauen" im Pfarr- und Bischofsamt u. a. Der Beitrag endete mit der Aufforderung: „Das Reformationsjubiläum 2017 muss auch die politische Dimension des reformatorischen Freiheitsbegriffs aufzeigen. Es wird darum gehen, das Jubiläum bewusst im Kontext unserer Zeit zu feiern. Das wird spannend."

Aus kirchengeschichtlicher Sicht wäre dazu anzumerken: Luther ging es vor allem um die theologische und gerade

---

124 Reformationsjubiläum 2017. Rückblicke, hg. von der Staatlichen Geschäftsstelle „Luther 2017" und der Geschäftsstelle der EKD „Luther 2017 – 500 Jahre Reformation", Leipzig 2018, S. 332.334.

125 In: Aus Politik & Kultur 10: Disputationen: Reflexionen zum Reformationsjubiläum 2017, hg. von Olaf Zimmermann und Theo Geißler, Berlin ²2015, S. 67–69.

nicht um die politische Dimension des Freiheitsbegriffs, um die strenge Unterscheidung von weltlichem und geistlichem Regiment. Und als Wegbereiter unserer heutigen demokratischen Ordnung, der Ökumene mit dem römischen Katholizismus, des Dialogs der Religionen oder der Frauenordination – alles wichtige und unterstützenswerte Anliegen – wird man ihn wohl kaum in Anspruch nehmen können, eher im Gegenteil.

Dementsprechend machte in einem polemischen Beitrag für dieselbe Zeitschrift Torsten Ehrke, Referent bei der Bundestagsfraktion Bündnis 90/Die Grünen, gleichsam die Gegenrechnung auf zu der Rezeption Luthers als einem Wegbereiter der Aufklärung. Ehrke bezeichnete Luther unter anderem als „rituellen Bücherverbrenner", „judenfeindlichen Gottesbarbar" und „brutalen Apologeten der Obrigkeit".[126] Man kann mit guten Gründen natürlich auch solche Etikettierungen kritisch hinterfragen – so hat Luther ja etwa 1521 in Worms sogar dem Kaiser persönlich von Angesicht zu Angesicht widerstanden –, ganz falsch sind sie freilich auch nicht. Sie können zudem anknüpfen an positive Bezugnahmen auf Luther Ende des 19. und Anfang des 20. Jahrhunderts, als Luther etwa von Nationalprotestanten zum Wegbereiter Otto von Bismarcks oder von Mitgliedern der nationalsozialistischen Kirchenpartei der „Deutschen Christen" zum Ahnherrn Adolf Hitlers stilisiert wurde; auch heute noch beziehen sich rechtsradikale und -extremistische Kreise gerne auf Luther. Gleichwohl bleibt auch die – negativ wie positiv bewertete – Rezeption Luthers als „Antiaufklärer" merkwürdig unhistorisch und ignorant in Bezug auf seine eigenen zentralen Anliegen.

---

126 Torsten Ehrke, Schluss mit der Luther-Apologie, in: a. a. O., S. 51–54.

Stärker noch als Käßmann forderte der Generalsekretär der Evangelischen Akademien in Deutschland, der Soziologe Klaus Holz, in einem Beitrag für die Wochenzeitung „Die Zeit" mit dem Titel „Luthers Abweg"[127] eine erneute Politisierung des Protestantismus. Dies sei anlässlich des Jubiläums 2017 paradoxerweise die notwendige „Antwort auf die hochpolitischen Luther-Jubiläen 1883, 1917, 1933". Zwar habe sich „die evangelische Kirche, wenn auch nicht ihre Mitglieder, in den letzten Jahrzehnten von der Judenfeinschaft" Luthers gelöst, jedoch müsse „nun der nächste Schritt folgen". Es gelte, die auf Luther zurückgehende enge „Verzahnung von ‚deutsch' und ‚protestantisch', von ‚national' und ‚religiös'" kritisch aufzuarbeiten und zu klären, „was die Grundlage einer Politik ist, die sich nicht durch Antisemitismus, Nationalismus, Rassismus und religiöse Feindschaft ihrer selbst vergewissert." „Angesichts der fundamentalsten Krise der europäischen Einigung wie der demokratischen Kultur seit 1945, angesichts der populistischen Erosion liberaler wie konservativer Milieus wäre das", so schlussfolgerte Holz, „eine protestantische, öffentliche Theologie des Pluralismus und der Demokratie zur rechten Zeit." Luther und sein Denken dienten Holz im Grunde ausschließlich als Negativfolie. Sich von dem Judenhass Luthers nicht nur zu distanzieren, sondern angeekelt abzuwenden, müsste heutzutage in der Tat eine Selbstverständlichkeit sein. Jedoch sollte man nicht übersehen, dass Luther – was ihn keineswegs entschuldigt! – diesen Judenhass mit prominenten Vertretern ganz anderer Richtungen teilte, man denke etwa an seine Widersacher Johann Eck aus dem altgläubigen und Erasmus von Rotterdam aus dem reformkatholisch-humanistischen Lager oder an

---

127 Die Zeit 49, 2016, S. 21.

Aufklärer wie Voltaire oder etwa auch an so manchen Vertreter der politischen Linken wie den französischen Frühsozialisten Pierre-Joseph Proudhon. Unhistorisch und überzogen dürfte es sein, wenn man Luther gleichsam zum Urheber des Nationalismus des 19. und 20. Jahrhunderts bzw. der engen Verzahnung von „national" und „religiös" stilisiert oder gar zum Urheber heutiger rechtsradikaler bzw. -extremistischer Bewegungen. Neonationalismus und Rechtspopulismus sind keineswegs Phänomene, die für vom Luthertum geprägte Länder besonders typisch wären – man denke etwa an vom Katholizismus geprägte Länder wie Polen und Österreich oder an von der Orthodoxie geprägte Länder wie Russland und Serbien oder an die calvinistisch geprägten Niederlande, das anglikanisch geprägte England oder das laizistische Frankreich. Bemerkenswert ist, dass Holz sich offenbar auch von fundamentalen Einsichten der reformatorischen Ekklesiologie verabschiedete, wenn er nämlich, wie oben zitiert, das Verhalten „der evangelischen Kirche" dem „ihrer Mitglieder" gegenüberstellte. Nach reformatorischem Verständnis ist die Kirche ja nichts anderes als die Gemeinschaft der Glaubenden (communio sanctorum).

Nachdem der ehemalige theologische Vizepräsident des EKD-Kirchenamtes, Thies Gundlach, scharfe Kritik an der Universitätstheologie geübt hatte, weil diese sich seiner Meinung nach zu großen Teilen von der konstruktiven Diskussion um das Reformationsjubiläum 2017 abgemeldet habe,[128] konterten die Göttinger Theologieprofessoren Thomas Kaufmann und Martin Laube nicht minder scharf, Gundlach habe „in seinem Bemühen, der Politik die Reformation als Erfinde-

---

128 Thies Gundlach, Perspektiven vermisst. Die akademische Theologie verstolpert das Reformationsjubiläum, in: zeitzeichen 3/2017, S. 47–49.

rin der liberalen Demokratie anzudienen, ... das Reformationsjubiläum konsequent theologisch entkernt", und bezeichneten „die verordnete Umetikettierung" des Reformationsjubiläums „zu einem ökumenischen ‚Christusfest'" als eine „theologische Geisterfahrt".[129]

Aktuelle politische Interessen standen offenbar auch im Vordergrund der live im Fernsehen übertragenen Multimedia-Inszenierung der evangelischen Kirche anlässlich des 500. Jahrestages des Wormser Reichstages im April 2021 mit dem Titel: „Der Luther-Moment – 500 Jahre Wormser Reichstag"[130]. Auf der, wie es in Ankündigungen hieß, „größten Leinwand Europas", der Fassade der Wormser Dreifaltigkeitskirche, wurde Luther bald überblendet von Menschen unserer Zeit, etwa der Seawatch-Kapitänin Carola Rackete. Verbindendes Moment waren die individuelle Gewissensentscheidung, Zivilcourage und der Einsatz für die „gute Sache", nicht zuletzt sicher auch das Interesse an Vorbildern bzw. Heldinnen und Helden. Luthers Ringen um die Gerechtigkeit Gottes, um das rechte Verständnis der Heiligen Schrift, um Glaubenswahrheiten spielten demgegenüber, zumindest in der Gesamtwirkung, allenfalls eine ganz untergeordnete Rolle. Letztlich sind die als große Events inszenierten Jubiläen, die an den Beginn der Reformation erinnern sollten, verpufft; eine nachhaltige Wirkung ist jedenfalls nicht erkennbar.

Die Rezeption Luthers im Umfeld des Reformationsjubiläums changierte zwischen Hype und radikaler Entmytholo-

---

129 Thomas Kaufmann/Martin Laube, So nicht! Die EKD hat die Reformation theologisch entkernt, in: zeitzeichen 4/2017, S. 20–22.

130 „Der Luther-Moment – 500 Jahre Wormser Reichstag" – SWR-Fernsehen, 17.04.2021, 22.35 Uhr (die Sendung wurde aus der ARD-Mediathek inzwischen entfernt).

gisierung. Sein theologisches Kernanliegen scheint dagegen weniger von Interesse gewesen zu sein.

Aus der Geschichte lernen? – Juden und Christen

Jahrhundertelang war Judenfeindschaft gleichsam Teil der DNA der christlichen Kirchen. Dazu gehörte, dass die jüdische Minderheit in christlichen Ländern massiv benachteiligt, diskriminiert, ausgegrenzt, verfolgt, beraubt, vertrieben, geschädigt und immer wieder in Pogromen ermordet wurde. Die Kirchen haben das häufig nicht nur geduldet, sondern auch durch hetzerische Predigten u. a. mit initiiert und legitimiert. Auch die Reformation hat daran grundsätzlich nichts geändert. Nach seiner vergleichsweise judenfreundlichen Schrift von 1523, „Dass Jesus Christus ein geborener Jude sei", schloss sich Luther bald wieder der zu seiner Zeit gängigen schroff judenfeindlichen Haltung an, wohl auch, weil er enttäuscht war, dass die Juden sich auch nicht zu dem von ihm reformierten und gereinigten Christentum bekehren wollten.[131]

Im ausgehenden 19. Jahrhundert war es der in der evangelischen Kirche wirkmächtige Hofprediger Adolf Stoecker, der vor dem Hintergrund der sozialen Frage massiv antijüdische Ressentiments schürte. Er trug maßgeblich zur Verbreitung antijüdischer Stereotypen bei, insbesondere dass der wirtschaftliche und kulturelle Einfluss der Juden in Deutschland zu groß und schädlich sei. Stoecker war zwar wohl noch kein Rassenantisemit im nationalsozialistischen Sinne, jedoch hat er zweifellos dem Antisemitismus der Nationalsozialisten Vorschub geleistet.[132] Ob das so auch für Luther gilt, ist in der

---

131 Vgl. Thomas Kaufmann, Luthers Juden, Stuttgart 2014.

Forschung mindestens umstritten. Seine üblen antijüdischen Pamphlete wurden vermutlich nach seinem Tod wenig beachtet und, abgesehen von kleinen völkisch-religiösen Splittergruppen wie den „Deutschkirchlern" oder dem Kreis um Mathilde Ludendorff in der Zeit der „Weimarer Republik", erst von den Nationalsozialisten wiederentdeckt und in ihrem Sinne instrumentalisiert. So hat es zumindest das Berliner Kirchenhistorikerehepaar Dorothea Wendebourg und Johannes Wallmann – u. a. gegen den Tübinger Kirchenhistoriker Volker Leppin – herausgestellt. Während Luthers meist als Antijudaismus bezeichnete Judenfeindschaft vor allem religiös motiviert war und in erster Linie auf eine Konversion von Juden zum Christentum abzielte, wurde die nationalsozialistische Judenfeindschaft, für die der Begriff Antisemitismus verwendet wird, rassistisch und biologistisch begründet. Die Konversion vom Judentum zum Christentum war bzw. ist für Antisemitinnen und Antisemiten besonders verwerflich, da sie angeblich die wahre Herkunft bzw. Identität der Konvertitinnen und Konvertiten verschleiere. Freilich sollte man bedenken, dass die übliche Differenzierung zwischen religiösem Antijudaismus, soziokulturell-ökonomisch motivierter Judenfeindschaft bzw. „christlichem Antisemitismus"[133] Stoeckerscher Provenienz und rassistischem Antisemitismus eine sehr akademische Angelegenheit ist, die für die Betroffenen oft gar keine Rolle spielt, weil denen letztlich egal ist, aus welchen Motiven heraus sie diskriminiert und verfolgt werden.

---

132 Vgl. hierzu Imke Scheib, Christlicher Antisemitismus im Deutschen Kaiserreich. Adolf Stoecker im Spiegel der zeitgenössischen Kritik (AKThG 57), Leipzig 2021.

133 Diesen Begriff schlägt Scheib vor (a. a. O., S. 33 f.).

Wie schwer man sich selbst nach 1945 in der evangelischen Kirche tat, mit der unseligen Tradition des Antijudaismus zu brechen, wurde oben schon dargelegt: Erst mit der „Weißenseer Erklärung" von 1950, der EKD-Studie „Juden und Christen" von 1975 (der später weitere Studien folgten) und dem rheinischen Synodalbeschluss von 1980 wurde ein neuer Kurs eingeschlagen. Vor allem verabschiedete man sich von der bis dahin gleichsam wie ein Dogma vertretenen Substitutionstheorie, wonach die Erwählung als Gottes Volk von Israel auf die christliche Kirche übergegangen sei, nachdem die Juden Jesus Christus nicht als ihren Messias anerkannt hätten. Der Synodalbeschluss erteilte zudem der Judenmission eine Absage und bezeichnete u. a. die „Heimkehr" „des jüdischen Volkes ... in das Land der Verheißung und auch die Errichtung des Staates Israel" als „Zeichen der Treue Gottes gegenüber seinem Volk".[134]

Während Theologen der Kirchlichen Hochschule Wuppertal den rheinischen Synodalbeschluss maßgeblich vorbereitet hatten und unterstützten, stieß er bei einem Großteil der Bonner evangelisch-theologischen Fakultät auf „erhebliche theologische Bedenken", obwohl man auch dort das „Anliegen, ... im Bewußtsein der historischen Schuld an den Juden den Dialog mit dem Judentum zu suchen und zu fördern und das Verhältnis von Christen und Juden neu zu bestimmen, ... vorbehaltlos" begrüßte.[135] U. a. wandten dreizehn Bonner Professoren ein, dass es durchaus möglich sei, „die Juden zu bewundern und zu schätzen und den Staat Israel zu bejahen und aktiv zu fördern, ohne diese Sympathie ‚heilsgeschichtlich' begründen und ohne christliche Grundwahrhei-

---

134 KTGQ V (1999), S. 308–310, hier: 308.
135 A. a. O., S. 310–312, hier 310.

ten, welche Judentum und Christentum trennen, preisgeben oder auch nur relativieren zu müssen"[136].

Trotz solcher theologischen Bedenken, die auch später noch geäußert wurden,[137] insbesondere gegen Versuche, die exklusive Christologie der ersten These der Barmer Theologischen Erklärung von 1934 in eine das Judentum inkludierende Christologie umzuinterpretieren,[138] gehört der rheinische Synodalbeschluss inzwischen zur DNA der rheinischen Kirche und auch andere Landeskirchen fassten mittlerweile entsprechende Beschlüsse.

Mit dem rheinischen Synodalbeschluss hatte man gemeint, den guten Weg eines freundschaftlich-partnerschaftlichen Miteinanders begonnen zu haben. Ausgerechnet im Zusammenhang mit dem 70. Jubiläum des Staates Israel im Jahre 2018 kam es dann aber zu einem heftigen Zerwürfnis zwischen der rheinischen Kirche und dem Landesverband der Jüdischen Gemeinden von Nordrhein. In der Einleitung einer von der Evangelischen Kirche im Rheinland herausgegebenen Gottesdienst-Arbeitshilfe „70 Jahre Staat Israel"[139] war auch massive Kritik an der israelischen Siedlungspolitik geübt worden. In diesem Zusammenhang wurden u. a. folgende Vokabeln benutzt: „Menschen verachtende Besatzung"; „brutal"; „aggressiv"; „Unrecht"; „Vertreibung [von Palästinensern]"; „Zerstörung ihrer Dörfer". Schließlich wurde mit Bezug auf Versöhnungsgespräche eine unmittelbare Analogie zwischen der Shoa und dem Schicksal der Palästinenser her-

---

136 A. a. O., S. 312.

137 Vgl. etwa den Leserbrief des Mainzer Systematikers Walter Diez in der FAZ vom 16. Mai 2009.

138 Vgl. hierzu Schneider, Barmen (wie Anm. 8), S. 88–94.

139 https://www.reformiert-info.de/daten/File/Upload/doc-20268-1.pdf (Zugriff am 07.09.2022).

gestellt: „Palästinenser öffnen ihre Herzen für die jüdischen Leidensgeschichten bis zur Shoa, ihrer Katastrophe, die zur Errichtung des Staates Israel beigetragen haben. Und Juden öffnen ihre Herzen für die palästinensischen Leidensgeschichten in der Nakba, ihrer Katastrophe, zu denen Juden beigetragen haben." Zwar würdigte der Verfasser durchaus auch die Gründung des Staates Israel und übte Kritik an dem „Menschen verachtenden Terror" von palästinensischer Seite, jedoch konnte der Eindruck entstehen, der Text ziele vor allem auf eine massive Kritik an der Politik des Staates Israel ab, und dies ausgerechnet anlässlich dessen runden Geburtstags. Der Vorstand des jüdischen Landesverbandes sagte wegen der Gottesdienst-Arbeitshilfe, von der sich die rheinische Kirchenleitung nicht distanzieren wollte, eine geplante gemeinsame Israelreise mit der rheinischen Kirchenleitung kurzfristig ab.[140]

Solche Irritationen zeigen, dass das mittlerweile zweifellos deutlich verbesserte Verhältnis von Juden und Christen immer noch störanfällig ist, und werfen u. a. Fragen nach dem moralischen Recht deutscher Christen zur Kritik am jüdischen Staat und nach Anfälligkeiten für linken Antisemitismus bzw. Antizionismus auf; auch dieser gehört zu den Varianten der unseligen Judenfeindschaft. Spätestens seit den 1970er Jahren ist israelbezogene Judenfeindschaft ein Problem in bestimmten linksprotestantischen Kreisen.[141]

---

140 https://presse.ekir.de/presse/C41AA0C0B5474F93A8A1EAAC83D9F25A/reise-nach-israel-kirche-bedauert-absage-durch-juedischen-landesverband (Zugriff am 07.09.2022).

141 Für die unmittelbare Nachkriegszeit vgl. Gerhard Gronauer, Der Staat Israel im westdeutschen Protestantismus. Wahrnehmungen in Kirche und Publizistik von 1948 bis 1972 (AKZG B 57), Göttingen 2013.

Nachdem der Bundestag im Mai 2019 mit überwältigender Mehrheit (CDU/CSU, FDP, SPD und große Teile von Bündnis 90 / Die Grünen) Boykottaufrufe der „Boycott-Divestment and Sanctions"-Bewegung (BDS) gegen Israel ausdrücklich als antisemitisch scharf verurteilt hatte – nur große Teile der Linkspartei und Teile der Grünen stimmten dagegen; Teile der Grünen und die AfD enthielten sich –,[142] distanzierten sich auch die EKD und u. a. die rheinische Landeskirche 2020 von solchen Bewegungen bzw. Boykottaufrufen.[143] Umso unverständlicher ist es, dass die zeitweise in den Medien sehr präsente Pfarrerin der deutschen evangelisch-lutherischen Auslandsgemeinde in New York, Miriam Groß, in einem Zeitungsartikel vom Juni 2020 in „Christ & Welt", einer Beilage der Wochenzeitung „Die Zeit", den südafrikanischen Erzbischof und Friedensnobelpreisträger Desmond Tutu als leuchtendes Vorbild für den Kampf ausdrücklich auch gegen Antisemitismus herausstellte.[144] In derselben Nummer der „Zeit", der die „Christ & Welt"-Ausgabe mit Groß' Artikel beilag, wurde Tutu in einem Artikel über BDS als einer der prominentesten Unterstützer dieser Kampagne genannt.[145] Dass ein Mann mit zweifellos großen Verdiensten im Kampf gegen die Apartheid und für die Versöhnung in Südafrika sowie für die Rechte Homosexueller sich zugleich auch mal furchtbar

---

142 https://www.bundestag.de/dokumente/textarchiv/2019/kw20-de-bds-6428 92 (Zugriff 07.09.2022).

143 https://www.ekd.de/stellungnahme-rat-der-ekd-debatte-bds-bewegung-53837.htm (Zugriff 07.09.2022); file:///C:/Users/thschnei/AppData/Local/Temp/EKiR%202020%20Stellungnahme%20zu%20BDS-1.pdf (Zugriff 03.06. 2022).

144 Miriam Groß, Denk ich an Amerika in der Nacht, in: Christ & Welt 25, 10.06.2020, S. 5.

145 Thomas E. Schmidt, Was ist BDS?, in: Die Zeit 25, 10.06.2020, S. 43.

irren könnte, war der New Yorker Pastorin vermutlich nicht in den Sinn gekommen.

Am 30. August 2022 meldete der Deutschlandfunk, es gebe kurz vor der Vollversammlung des Ökumenischen Rates der Kirchen (ÖRK) in Karlsruhe Warnungen vor „antisemitischen Tendenzen" bei dem ersten Weltkirchentreffen in Deutschland; sogar von einem drohenden „antisemitischen Eklat" war in dem Beitrag die Rede.[146] Hintergrund, so der Deutschlandfunk, sei die Wahl des südafrikanischen Theologen Jerry Pillay zum neuen ÖRK-Generalsekretär, der in Bezug auf die Situation der Palästinenser ausdrücklich von Apartheid spreche. Zudem würden umstrittene Beschlüsse zu Israel befürchtet. Zitiert wurde in dem Radiobeitrag der Münchner jüdische Historiker Michael Wolffsohn, demzufolge es ganz offensichtlich sei, dass der ÖRK schon seit längerem ein Antisemitismusproblem habe. Das reihe sich ein in die 2.000 Jahre alte Geschichte des Judenhasses im Christentum. Der evangelischen Kirche in Deutschland riet Wolffsohn im Interview mit dem Deutschlandfunk zu einer „judentheologischen Pause" und sprach in Bezug auf die vielen kirchlichen Verlautbarungen, in denen oft „ahnungslos" und einseitig die Politik des Staates Israel kritisiert werde, während man sich gleichzeitig von jeglichem Antisemitismus distanziere, von Heuchelei.

Anders als Wolffsohn plädierten der ehemalige israelische Botschafter in Berlin Shimon Stein und der Jerusalemer Historiker Mosche Zimmermann in einem gemeinsamen „Christ & Welt"-Artikel vom 1. September 2022[147] dafür, dass Kritik an

---

146 https://www.deutschlandfunk.de/oekumenischer-rat-der-kirchen-und-israel-dazu-der-historiker-michael-wolffsohn-dlf-86cd62e8-100.html (Zugriff 07.09.2022).

120

der israelischen Siedlungspolitik grundsätzlich möglich sein müsse. Sie konnten insbesondere auch dem um Differenzierung bemühten Papier „Israel-Palästina – Leitgedanken und erläuternde Thesen" von fünf evangelischen Landeskirchen an Rhein und Ruhr aus dem Jahre 2021[148] Positives abgewinnen: Dieses Papier sei „eigentlich ein Lichtblick". Gleichzeitig aber sprachen sich Stein und Zimmermann – hier wiederum mit Wolffsohn durchaus übereinstimmend – gegen eine „Religionisierung" des Nahostkonfliktes aus. Es gehe beim Thema Israel-Palästina letztlich um ein politisches und nicht um ein theologisches Problem. Zudem spielten Christen im Nahostkonflikt eine immer marginalere Rolle, wobei der Rückgang der Anzahl palästinensischer Christen weniger das Ergebnis israelischer Besatzung sei, als vielmehr des Machtzuwachses der Muslime in der Region. Eine christlich-theologische Intervention im Israel-Palästina-Konflikt könne „wenig Konstruktives bewirken". Stein und Zimmermann appellierten daher: „Es wäre gut, wenn die Teilnehmer des Ökumenischen Rates in Karlsruhe das bedenken könnten."

Tatsächlich nahm die ÖRK-Vollversammlung in Karlsruhe am 8. September 2022 eine Resolution zum Nahostkonflikt an, in der es heißt, dass einige Mitgliedskirchen und Delegierte die Verwendung des Begriffs „Apartheid" als nach internationalem Recht exakte Beschreibung der Situation in Palästina/Israel stark unterstützt hätten, während andere dagegen diesen Begriff als nicht angemessen, nicht hilfreich

---

147 Shimon Stein/Mosche Zimmermann, Falsche Religionisierung, in: Christ & Welt, 36, 01.09.2022, S. 4.

148 https://www.evangelisch-in-westfalen.de/fileadmin/user_upload/Themen/interreligoeser_dialog/Israel-Palaestina/Israel_-_Palaestina_-_November_2021_EKvW.pdf (Zugriff 07.09.2022).

und schmerzhaft (*painful*) bezeichnet hätten. Man sei in dieser Frage uneins und müsse um diesen Punkt weiter ringen.[149]

Beginnend mit der „Weißenseer Erklärung" von 1950, der ersten EKD-Denkschrift „Christen und Juden" von 1975 und dem rheinischen Synodalbeschluss „Zur Erneuerung des Verhältnisses von Christen und Juden" von 1980 hat sich die evangelische Kirche deutlich von der jahrhundertealten christlichen Judenfeindschaft und -diskriminierung und der Substitutionstheorie, wonach Gottes Erwählung von Israel auf die Kirche übergegangen sei, distanziert. Es fragt sich, ob sie sich von einem linken, israelbezogenen Antisemitismus, wie er z. B im Rahmen der Kasseler „documenta 15" 2022 für einen Eklat sorgte und etwa im Umfeld des ÖRK immer mal wieder aufzutreten scheint, ebenso deutlich distanziert.

Niederschwellig: „chrismon, das evangelische Magazin"

Für die publizistische Wirksamkeit der evangelischen Kirche über den Kreis der aktiven Mitglieder hinaus steht insbesondere „chrismon, das evangelische Magazin". Von der EKD mit jährlich etwa vier Millionen Euro subventioniert, ging es im Jahre 2000 aus dem „Deutschen Allgemeinen Sonntagsblatt" hervor und erscheint seitdem monatlich mit einer Auflage von 1,6 Millionen Exemplaren als rein absenderfinanziertes

---

149 https://www.oikoumene.org/resources/documents/seeking-justice-and-peace-for-all-in-the-middle-east (Zugriff 10.09.2022): „Within this Assembly, some churches and delegates strongly support the utilization of this term [apartheid] as accurately describing the reality of the people in Palestine/Israel and the position under international law, while others find it inappropriate, unhelpful and painful. We are not of one mind on this matter. We must continue to struggle with this issue ..."

Supplement der Wochenzeitung „Die Zeit" sowie diverser überregionaler und regionaler Tageszeitungen. Während das Magazin der „Süddeutschen Zeitung" allerdings deutschlandweit beiliegt, wird es der „Frankfurter Allgemeinen Zeitung" nur in den sechs südlichen Bundesländern Westdeutschlands beigefügt. Der „Zeit" wird es ebenfalls nicht in allen Bundesländern, so etwa auch nicht in Rheinland-Pfalz, beigegeben. Wann sich an der regionalen Verbreitung des Magazins etwas ändert, konnte die Redaktion auf Anfrage nicht beantworten.[150]

Aus den Trägermedien lässt sich schließen, dass die Adressaten von „chrismon" gutbürgerliche Zeitungsleserinnen und -leser sind. Dass auch Menschen, die keine Kirchensteuern (mehr) zahlen, ein kirchliches Magazin erhalten, kann man als Christ zunächst nur begrüßen. Dass aber umgekehrt viele Kirchensteuerzahlerinnen und -zahler je nach Wohnort und Zeitungslesegewohnheit das Magazin nicht erhalten, ist schade.

Bei „chrismon" handelt es sich um ein bewusst niederschwelliges Angebot an kirchliche Randsiedler sowie Konfessionslose, das in weiten Teilen allgemeine Lebensfragen, weltpolitische Probleme und Menschenschicksale behandelt, ohne dass immer ein Bezug zu Kirche und Religion ohne weiteres erkennbar wäre.

Nach dem Vorbild anderer Presseorgane werden regelmäßig Prominente mit bestimmten Fragen konfrontiert. Dazu gehört u. a. auch die Frage: „Haben Sie eine Vorstellung von Gott?" Wenn man die Antworten auf die Frage liest, dann hat man den Eindruck, dass es immer schwerer zu sein scheint, solche Prominente zu finden, die noch einen positiven Bezug

---

150 Mailwechsel mit dem Verfasser vom 04.02.2022.

zum christlichen Glauben und zur evangelischen Kirche haben und in der Lage sind, darüber Auskunft zu geben. Vielleicht sollte man die Gesprächspartnerinnen und -partner weniger nach dem Kriterium ihrer Prominenz aussuchen als nach dem ihrer Sprachfähigkeit in Glaubensfragen?

Neben vielen anregenden und auf breite Anschlussfähigkeit zielenden Artikeln gibt es auch solche, die traditionell volkskirchlich, konservativ oder evangelikal geprägte Leserkreise provozieren: Im September 2015 wurde unter dem Titel „Luther reloaded" eine achtseitige Fotostrecke über „Menschen aus aller Welt, die dem Reformator verdammt ähnlich sind", wie folgt angekündigt: „Martin Luther wäre stolz auf sie"[151]. Porträtiert wurden dann u. a. der inhaftierte und gefolterte saudi-arabische Blogger Raif Badawi, der sich, wie es in dem Magazin hieß, verstanden fühlt durch den Satz: „Säkularismus ist die Lösung"[152], oder Nadeschda Tolokonnikowa von der russischen Punkband „Pussy Riot", die wegen der Verletzung religiöser Gefühle zu zwei Jahren Lagerhaft verurteilt worden war, oder die südafrikanische Frauenrechtskämpferin Dawn Cavanagh, die sich für die Rechte von lesbischen und bisexuellen Frauen einsetzt.

Man sollte zweifellos den Mut solcher Persönlichkeiten bewundern und empathisch sein im Blick auf ihre Schicksale, man mag zudem mit ihren Zielen sympathisieren, aber es fragt sich doch, ob der historische Luther wirklich stolz auf sie gewesen wäre. Der Begriff Säkularismus dürfte Luther unbekannt gewesen sein; der Sache nach hätte er als Theologe heftig widersprochen. Von einem Aufstand, wie etwa dem der Bauern, hielt er bekanntlich wenig und das hätte sicher auch

---

151 chrismon 9, 2015, S. 3.
152 A. a. O., 15.

für einen „Pussy Riot" gegolten. Homosexualität und Bisexualität von Frauen waren für Luther kein Thema; jedenfalls aber hatte er ein ganz traditionelles Ehe- und Familienverständnis. Natürlich kann und sollte man sich für die drei genannten Personen und ihre Anliegen engagieren, aber man kann sich dabei nicht gut auf Luther berufen.

In der Ausgabe unmittelbar vor der Bundestagswahl im September 2017 wurde als einzige Wahlwerbung eine Anzeige der Linkspartei veröffentlicht, in der diese sich auf Jesus berief, der bei der Flucht seiner Familie nach Ägypten auch keinen Pass gehabt habe.[153] Nun kann man schon grundsätzlich geteilter Meinung darüber sein, ob Werbung für politische Parteien in ein kirchliches Magazin gehört, zumal unmittelbar vor einer wichtigen Wahl. Wenn dann aber nur eine einzige Partei, und zwar eine vom äußeren Rand des politischen Spektrums, eine Werbung schaltet, so wirkt das irritierend. Zudem handelt es sich hierbei um eine Partei, deren Mitglieder meist konfessionslos sind und die ganz überwiegend für Laizismus und jedenfalls nicht für kirchliche Belange eintritt, offenbar aber nicht davor zurückschreckt, Jesus für ihre politischen Anliegen zu instrumentalisieren.

Im August 2018 wurde die wegen eines Verstoßes gegen das Werbeverbot für Abtreibungen (§ 219a Strafgesetzbuch) verurteilte Gießener Gynäkologin Kristina Hänel in einem Artikel mit der Überschrift „Die Retterin" porträtiert.[154] Diese Überschrift provozierte so viel empörten Widerspruch, dass sie in der Online-Ausgabe in „Sie lässt sich nicht unterkriegen" geändert wurde. Auch wer Abtreibungen nicht grundsätzlich ablehnt und vielleicht auch den § 219a des Strafge-

---

153 chrismon 9, 2017, S. 39.
154 chrismon 8, 2018.

setzbuches mit dem sehr weit gefassten Werbeverbot für Abtreibungen für reformbedürftig hielt – er wurde im Sommer 2019 aufgehoben –, empfindet wohl nicht selten dieses Thema als zu komplex und dessen ethische Beurteilung als zu diffizil, als dass man in diesem Zusammenhang undifferenziert die Vokabel „Rettung" benutzen würde. Menschliche Embryonen genießen in Deutschland grundsätzlich nach wie vor einen hohen verfassungs-, straf- und zivilrechtlichen Schutz.[155]

Erfreulicherweise bemüht sich das Magazin auch in regelmäßig wiederkehrenden Rubriken um die Vermittlung von theologischem Grundlagenwissen und die Porträtierung von Personen der Kirchengeschichte. Auch Streitgespräche zu ethischen Fragen und zum Kurs der Kirche werden dokumentiert.

Aufmerksame Leserinnen und Leser wundern sich allerdings bei genuin theologischen Fragen mitunter. Ausgerechnet in der Ausgabe zum 500. Reformationsjubiläum im Oktober 2017 behauptete der damalige Chefredakteur des Magazins in einem Artikel im Zusammenhang mit dem Abendmahlsstreit fälschlich: „Luther bestand auf der Wandlung von Brot und Wein in Leib und Blut Christi."[156] Bereits sechs Jahre zuvor, in der September-Ausgabe 2011, hatte derselbe Chefredakteur ganz dementsprechend in einem Artikel über seinen Übertritt von der katholischen in die evangelische Kirche (in dem er im Übrigen heftig gegen seine alte Kirche polemisierte) die innerprotestantischen Unterschiede beim Abendmahlsverständnis fälschlich wie folgt beschrieben:

---

155 Vgl. https://www.bundestag.de/resource/blob/592130/21e336d47580c1faa15
   dbe23d999b62c/WD-7-256-18-pdf-data.pdf (Zugriff 07.09.2022).
156 chrismon 10, 2017.

„Und noch mehr begeisterte mich, dass bei den Protestanten Leute gemeinsam zum Abendmahl gingen, die durchaus unterschiedliche Vorstellungen von der Bedeutung des Mahles hatten. Die einen nahmen Brot und Wein zum Gedächtnis an Christi Erlösungstat, die anderen nahmen die verwandelte Substanz Christi in sich auf.“[157]

Richtig ist, dass Luther die katholische Transsubstantiationslehre, wonach die Elemente Brot und Wein in Leib und Blut Christi verwandelt werden, als unbiblisch und reine menschliche Spekulation klar ablehnte.[158] Hier wäre mehr theologische Achtsamkeit gefordet, sonst darf man sich nicht wundern, wenn etwa Konfirmandinnen und Konfirmanden mit dem Altarsakrament kaum noch etwas anzufangen wissen.

Im Zusammenhang mit solchen Irrtümern steht möglicherweise die Tendenz, die Differenzen zwischen den Konfessionen – und auch den Religionen – zurückzudrängen. So gehört der Publizist Franz Alt zu den „Ständigen Autoren“ des Magazins. Der ehemalige Fernsehmoderator Alt genießt in bestimmten Kreisen der älteren Generationen hohes Ansehen, weil er sich als CDU-Mitglied (bis 1988) der Friedensbewegung der 1980er Jahre anschloss und später auch Umweltaktivist wurde. Von Haus aus katholisch, versteht er sich selbst als überkonfessionellen „Jesuaner“[159], der Religion in humanistischem Sinne schlicht als „mehr Menschlichkeit“ definiert.[160] Alt leugnet seit vielen Jahren, dass Jesus am Kreuz gestorben ist, er sei vielmehr bloß ohnmächtig gewesen.[161]

---

157 chrismon 9, 2011.

158 Vgl. etwa Thomas Kaufmann, Abendmahl, in: Volker Leppin/Gury Schneider-Ludorff (Hg.), Das Luther-Lexikon, Regensburg ²2015, S. 29–33, hier: 31.

159 https://www.domradio.de/artikel/dann-werden-die-kirchen-auch-wieder-attraktiver-autor-alt-uebt-kritik-kirchlicher (Zugriff 07.09.2022).

160 https://www.youtube.com/watch?v=jhMXuLoZkro (Zugriff 13.06.2022).

161 Franz Alt, Jesus – der erste neue Mann, München 1989 (¹⁰1992), S. 56.

Dies begründet er damit, dass im Markusevangelium die Vokabel *ekpneuein* benutzt werde, die er mit „seinen Geist aushauchen" im Sinne von „ohnmächtig werden" übersetzt. Während sich Alt in seinem Jesus-Buch von 1989 u. a. noch auf Johannes Müller-Elmau bezog, von dem er behauptete, dieser habe den „wirklichen Jesus" erkannt,[162] fehlt in seinem Buch von 2021 über die „wahre Geschichte von Jesus, Maria Magdalena und Judas", in dem er die These, dass Jesus seine Kreuzigung überlebte, wiederholte, jegliche Bezugnahme auf diesen höchst problematischen Theologen (vgl. dazu unten)[163]. Ein großes Echo erzielte auch Alts Anspruch, durch Rückübersetzung der neutestamentlichen Texte ins Aramäische, der Sprache Jesu, und anschließende Neu-Übertragungen in die Sprache unserer Zeit endlich wiederentdeckt zu haben, „was Jesus wirklich gesagt hat"[164].

Aus wissenschaftlicher Sicht kann man die mit geradezu unfehlbarem Wahrheitsanspruch vorgetragenen Thesen und Argumente Alts nur als hanebüchen bezeichnen. Die Leugnung des Kreuzestodes Jesu bricht nicht nur der christlichen Dogmatik ihr Herzstück heraus – dies gilt insbesondere für die reformatorische Theologie, die ja im Wesentlichen Kreuzestheologie (*theologia crucis*) ist –, sondern steht auch im diametralen Gegensatz zu den Erkenntnissen der historischen Leben-Jesu-Forschung, wonach der Kreuzestod Jesu sogar der sicherste Fakt im Leben Jesu ist, da er auch in nichtchristlichen Quellen belegt ist. Alts Verständnis von *ekpneu-*

---

162 A. a. O., S. 48.

163 Franz Alt, Die außergewöhnlichste Liebe aller Zeiten: Die wahre Geschichte von Jesus, Maria Magdalena und Judas, Freiburg i. Br. 2021, S. 111 ff.

164 Franz Alt, Was Jesus wirklich gesagt hat. Eine Auferweckung, Gütersloh 2015.

ein beruht sozusagen auf einer Küchenphilologie – gerade so, als würde man die deutsche Vokabel „entschlafen" so deuten, dass jemand nur eingeschlafen, aber nicht verstorben sei. Vor allem scheint Alt nicht verstanden zu haben, dass das Neue Testament kein historisch-biographisches Interesse im Sinne moderner Geschichtsschreibung hat, sondern vielmehr theologische Texte enthält. Damit fällt er hinter die Erkenntnisse Albert Schweitzers von vor mehr als 100 Jahren zurück.[165] Der Neutestamentler Roman Heiligenthal führte Alt als Beispiel für moderne Verfälschungen Jesu auf.[166] Das Neue Testament wurde auf Griechisch verfasst. Was Jesus tatsächlich wie genau gesagt hat, wissen wir nicht. Jedenfalls kann man das nicht durch Hin- und Herübersetzen nach fast 2000 Jahren exakt rekonstruieren. Entwaffnend ist, dass das, was nach Alt Jesus wirklich sagte, immer ziemlich genau dem entspricht, was Alt heute denkt.

Auch das hatte Schweitzer bereits bei den Publikationen zum Leben Jesu im 18. und 19. Jahrhundert herausgearbeitet, dass sie nämlich letztlich nichts Weiteres seien als selbstreferentielle Projektionen ihrer Verfasser. Dass Alt sich heute offenbar nicht mehr auf Johannes Müller-Elmau bezieht, könnte darauf hindeuten, dass er sich mittlerweile über die Vergangenheit dieses ultraliberalen Theologen etwas näher informiert hat. Müller-Elmau hatte in der NS-Zeit Hitler u. a. als „das Empfangsorgan für die Regierung Gottes und Sender der ewigen Strahlen" gepriesen und war deswegen in einem Entnazifizierungsverfahren als „Hauptschuldiger" einge-

---

165 Albert Schweitzer, Von Reimarus zu Wrede. Eine Geschichte der Leben-Jesu-Forschung, Tübingen 1906 (zahlreiche Auflagen).

166 Roman Heiligenthal, Der verfälschte Jesus. Eine Kritik moderner Jesusbilder, Darmstadt 1997, S. 50 f.

stuft worden.[167] Der Theologe Georg Merz bezeichnete Müller-Elmau in der renommierten Enzyklopädie „Die Religion in Geschichte und Gegenwart" zu Recht als „eine Art Kirchenvater deutschchristlicher Kreise"[168]. Vermutlich hat Alt das zunächst nicht gewusst. Alts Rezeption der Schriften Müller-Elmaus könnte jedoch auch erklären, warum Alt insbesondere von jüdischer Seite vorgeworfen worden ist, dass er ein verzerrtes Verständnis des Alten Testamentes und damit antijudaistisches Gedankengut verbreite.[169]

Darüber, warum ein Mann wie Alt im Magazin „chrismon" als „ständiger Autor" – auf Grund der alphabetischen Reihenfolge sogar an erster Stelle – aufgeführt wird, kann man letztlich nur spekulieren. Offenbar gilt er immer noch als ein vorbildlicher rebellischer Charakter, der unter Berufung auf Jesus Traditionen kritisch hinterfragt und die Brücke von den sozialen Bewegungen der 1980er Jahre zur heutigen Klimabewegung herzustellen vermag – als einer, der sich im sprichwörtlichen Sinne vom Saulus zum Paulus wandelte, vom konservativen CDU-Mitglied zum pazifistischen Umweltaktivisten, vom Katholiken zum überkonfessionellen „Jesuaner". Wenn ich Studierende frage, stelle ich allerdings fest, dass niemand mehr mit dem Namen Franz Alt etwas anzufangen weiß. Er ist ein Idol von Teilen der älteren Generationen, nicht der jüngeren. Sein von Sendungsbewusstsein getragener publizistischer Erfolg kaschiert seinen theologischen und historischen Dilettantismus. Der Name

---

167 Vgl. Thomas Martin Schneider, Müller, Johannes, in: NDB 18 (1997), S. 426-428.

168 Georg Merz, Müller, Johannes, in: RGG³ 4 (1960), Sp. 1170 f.

169 Vgl. etwa Micha Brumlik, Der Anti-Alt. Wider die furchtbare Friedfertigkeit, Frankfurt a. M. 1991. Vgl. dazu auch Heiligenthal, Jesus (wie Anm. 166), S. 50.

Franz Alt steht offenbar auch für die Tendenz gewichtiger Kreise der evangelischen Kirche, die traditionellen, schwer zu vermittelnden Glaubenslehren durch eine „woke" Ethik zu ersetzen, bei der es ganz um den Menschen geht und Gott keine Rolle mehr zu spielen scheint, auch keine Christologie mehr. Zugegebenermaßen nicht ohne Polemik möchte man ausrufen: Wer solche „ständigen Autoren" hat, braucht keine Gegner!

Das Magazin „chrismon" steht für das Bemühen der evangelischen Kirche, über den Kreis der eigenen Mitglieder hinaus Menschen mit einem niederschwelligen Angebot zu erreichen und zu gewinnen. Das ist sinnvoll. Aber christliche Substanz und Tiefgang dürfen dafür nicht preisgegeben werden, will man den guten Zweck nicht verfehlen.

„7 Wochen Ohne" – die Wiederentdeckung des Fastens

Seit den 1980er/90er Jahren gibt es die evangelische Fastenaktion „7 Wochen Ohne". Fasten liegt im Trend. Gesundheitsexperten raten mit guten Gründen dazu, sich gesund zu ernähren und Übergewicht zu vermeiden bzw. abzubauen. Eine schlanke Figur entspricht zudem dem in der Gesellschaft dominanten Schönheitsideal. Eine regelrechte Gesundheits- und Beauty-Industrie hat sich um das Fasten herum entwickelt und es als wichtiges Marktsegment entdeckt. Hinzu kommen ehrenwerte politische Motive, durch bewussten Konsumverzicht Solidarität mit den Hungernden und Bedürftigen zu demonstrieren und Klima und Umwelt zu schonen. Auch als politisches Druckmittel zur Erreichung bestimmter Ziele wird radikales Fasten in Gestalt von Hungerstreiks eingesetzt. Und schließlich ist auf die ökumenische, konfessionsübergreifende sowie interreligiöse Dimension des Fastens hinzuweisen: In vielen christlichen Konfessionen und in den großen Weltreligionen wie auch in vielen kleineren Religionsgemeinschaften ist das Fasten fest verankert und gehört zur religiösen Praxis der Gläubigen.

Allein der Protestantismus, so scheint es, tat sich über Jahrhunderte hinweg ausgesprochen schwer mit dem Fasten. Vor dem Hintergrund der reformatorischen Rechtfertigungslehre, wonach der Mensch passiv von Gott aus lauter Gnade angenommen wird und eben nicht auf Grund seines frommen Tuns, wurde das Fasten jedenfalls als ein an bestimmte Zeiten gebundenes religiöses Gebot abgelehnt. Luther hatte in seinem Freiheitstraktat von 1520 zwar betont, dass der leibliche Mensch „seinen eigenen Leib regieren", also auf seinen Körper achtgeben müsse und dass Fasten durchaus nützlich sein könne,[170] zugleich hatte Luther aber deutlich gemacht, dass das mit dem Glauben nichts zu tun habe, es jedenfalls der Seele gar nichts helfe, wenn ein Mensch faste. Er warnte sogar davor, dass das auch böse Menschen, Scheinheilige und Heuchler tun könnten.[171] In Zürich, dem zweiten Zentrum der Reformation, stand 1522 als Initialzündung der reformatorischen Bewegung eine bewusste, provokante Übertretung der Fastengebote, das berühmte Wurstessen in der Fastenzeit. Die erste reformatorische Schrift Huldrych Zwinglis handelt dementsprechend von der „Freiheit der Speisen"[172]. In Basel veranstaltete man wenig später sogar einen Ferkelschmaus in der Fastenzeit. Als Kind lernte ich, dass die Zeit vor Ostern in

---

170 WA 7, 29 f.

171 A. a. O., 21 f.

172 Von erkiesen und fryheit der spysen. Von ergernus und verböserung. Ob man gwalt hab die spysen zuo etlichen zyten verbieten. Meynung Huldrichen Zuinglis – CR 88 (= Z 1), 88–136.

132

der evangelischen Kirche nicht Fasten-, sondern Passionszeit heiße, weil es nicht um unser Fasten, sondern um Jesu Passion gehe. Dieser für die reformatorische Glaubenslehre entscheidende Perspektivwechsel vom Menschen auf Jesus scheint weitgehend in Vergessenheit geraten zu sein, wenn man sich die letzten Mottos von „7 Wochen Ohne" anschaut: 2013: „Riskier was, Mensch! – 7 Wochen ohne Vorsicht"; 2014: „Selber denken! – 7 Wochen ohne falsche Gewissheiten"; 2015: „Du bist schön – 7 Wochen ohne Runtermachen"; 2016: „Großes Herz! – 7 Wochen ohne Enge"; 2017: „Augenblick mal! – 7 Wochen ohne Sofort"; 2018: „Zeig Dich! – 7 Wochen ohne Kneifen"; 2019: „Mal ehrlich! – 7 Wochen ohne Lügen"; 2020: „Zuversicht! – 7 Wochen ohne Pessimismus"; 2021: „Spielraum! Sieben Wochen ohne Blockaden"; 2022: „Üben! 7 Wochen ohne Stillstand". Diese Mottos deuten einerseits darauf hin, dass man sich von dem klassischen katholischen Fasten im Sinne eines bloßen Verzichts auf bestimmte Nahrungsmittel abgrenzen will; man betont zudem auch immer die Freiwilligkeit. Andererseits weisen die Mottos unverkennbar eine deutliche Nähe zu profanen Achtsamkeitsübungen, psychologischen Ratgebern, esoterischen Praktiken etc. auf, die in den vergangenen Jahrzehnten einen Boom erlebt haben und nicht selten als Religionsersatz fungieren. Der Kolumnist Harald Martenstein hatte für die Fastendevisen der evangelischen Kirche nur Kopfschütteln übrig. Von Jahr zu Jahr mache er sich „größere Sorgen, weil das Fastenmotto mehr und mehr auf eine Selbstauslöschung dieser sympathischen Glaubensgemeinschaft hinauszulaufen scheint". Zu dem Motto von 2015 etwa spottete er:

> „Du bist schön! 7 Wochen ohne Runtermachen'. Man soll sich selbst im Spiegel betrachten und sich jeden Tag sagen, dass man schön ist. Für mich klingt so etwas eher nach einer Psychosekte. Aber man darf

dieses fragwürdige Fastenmotto sieben Wochen lang nicht runtermachen. So eine raffinierte Idee hätte ich eher den Jesuiten zugetraut."[173]

Mit ihrer Fastenaktion „7 Wochen ohne" versucht die evangelische Kirche vermutlich, aktuelle Trends der Gesundheits-Industrie sowie des politischen Protestes mit religiösen Traditionen zu verbinden. Vor allem aber will sie wohl die Menschen in ihrem Selbstvertrauen stärken, sie „empowern", wie das heute heißt. Dass es der eigenen reformatorischen Tradition in der Passionszeit um die Besinnung auf Jesus Christus geht und gerade nicht um die Besinnung auf menschliches Wohlbefinden, scheint dem Missverständnis geschuldet zu sein, in moderner Manier „Heil" ganz und gar nur noch in der Welt zu suchen.

Nicht mehr systemrelevant? – Kirche und Corona

Die sich seit etwa März 2020 auch in Deutschland rasant ausbreitende weltweite COVID-19-Pandemie traf die Kirchen unvorbereitet. Erstmals seit Menschengedenken wurden während der „Lockdown"-Perioden amtlicherseits flächendekkend Kirchen geschlossen und Gottesdienste in Präsenz verboten. Etwas Vergleichbares hatte es nicht einmal in den Zeiten der NS- oder der SED-Diktatur gegeben. Die Maßnahmen zum Schutz vor den krankmachenden und nicht selten tödlichen Ansteckungen wurden von dem weitaus überwiegenden Teil der Bevölkerung als sinnvoll akzeptiert. Auch die Kirchen nahmen es hin, dass sie nicht zu den systemrelevan-

---

173 Harald Martenstein, Über fragwürdige Aufrufe in der Fastenzeit, in: Zeit-Magazin, 12.03.2015.

174 https://www.uni-muenster.de/Religion-und-Politik/aktuelles/schwerpun kte/epidemien/04_thema_verschwoerung.html (Zugriff 07.09.2022).

ten Einrichtungen, wie z. B. Lebensmittelgeschäften und Apotheken, teilweise auch Baumärkten, gezählt wurden und forderten ihre Mitglieder auf, in der Gesundheitskrise solidarisch zu sein und den staatlichen Anordnungen Folge zu leisten.

Bereits ein flüchtiger Blick auf die Homepages verschiedener Kirchengemeinden zeigt, wie unterschiedlich auf die Herausforderungen reagiert wurde – von lang andauerndem, weitgehendem Stillstand bis hin zu vielfältigen kreativen digitalen und nicht-digitalen Ideen. Die Pandemie offenbarte, welche Gemeinden aktiv und lebendig waren, die neuen Medien zu nutzen versuchten oder auch etwa telefonisch in Kontakt mit den Gemeindegliedern blieben – und welche nicht. Die rheinische Landeskirche wandte sich in einer außergewöhnlichen Aktion an Ostern und Weihnachten 2020 mittels Beilagen der Tageszeitungen direkt an die Menschen.

Theologisch war eine starke Zurückhaltung im Hinblick auf eine Deutung der Pandemie zu beobachten. In einer Analyse sprach der EKD-Oberkirchenrat Johannes Wischmeyer von einer „Vermeidung theologischer Krisendeutung". Die traditionellen, dialektischen lutherischen Deutungsmuster, mit denen man „in der Vergangenheit den alten Deutungskonflikt zwischen Allmacht und Güte Gottes eingehegt" habe, hätten „offenbar an Überzeugungskraft verloren". Anders als in früheren Zeiten hätten „leitende evangelische Kirchenvertreter erklärt, die Pandemie sei dezidiert nicht als ‚Strafe Gottes' zu betrachten". Im Anschluss an den reformierten Theologen Karl Barth sei in der Verkündigung im kirchlichen „Mainstream" „Gottes Rolle ... als die eines der Menschheit in Schwachheit verbundenen liebenden Begleiters gesehen" worden. Eine Auswertung von Online-Video-Predigten habe ergeben, dass dementsprechend im Gegensatz zu den Talkshows weniger von Krise als vielmehr von Vertrauen die Rede gewesen sei.[174]

Heftige Kritik an der Haltung der „Kirchenoberen" und der eben beschriebenen „Mainstream"-Verkündigung äußerte der frühere Militärbischof Hartmut Löwe in einem Gastkommentar für die „Frankfurter Allgemeine Zeitung" bereits im Mai 2020:

> „... diejenigen, die sich sonst an Stellungnahmen zu allem und jedem überbieten, finden kein geistliches Wort. Sie reden und wiederholen, was andere auch sagen, danken den Ärzten und Krankenschwestern, freuen sich über die praktizierte Solidarität. Theologisch versichern sie, die Krankheit sei wie alle Krankheiten keine Strafe Gottes. ... Man kann doch nicht ganze Bereiche des Lebens dem Walten Gottes entziehen und ausschließlich natürlich erklären wollen. ... In, mit und unter allem, was geschieht, will Gott gefunden werden, auch wenn wir nur mühsam oder gar nicht verstehen, was er uns sagen will. Wer jedoch nicht vom Zorn Gottes zu sprechen vermag, verdirbt auch die Rede von Gottes Liebe. Sie wird dann zu einer diffusen Gefühlsduselei, einer nicht belastbaren Allerweltsweisheit ohne konkreten Anhalt in der Lebenserfahrung. ... Der Glaube kennt den *deus absconditus* (verborgenen Gott) und den *deus revelatus* (offenbaren Gott). Verliert er den einen aus dem Blick, verliert er den anderen. Kulturprotestantische Belanglosigkeiten versagen in der Krise, die über uns gekommen ist. Hier muss theologisch und geistlich tiefer gegraben werden. Vermögen das unsere Kirchenoberen in ihrer Geschäftigkeit noch?"[175]

Der damalige EKD-Ratsvorsitzende Heinrich Bedford-Strohm verwahrte sich energisch vor derartiger Kritik und kritisierte seinerseits u. a. die nach seiner Ansicht einseitige mediale Berichterstattung. Es komme darauf an, „jenseits von abgelesenen oder dogmatisch richtigen Statements Menschen zu

---

175 Hartmut Löwe, Das Schweigen der Bischöfe zu Corona, in: FAZ 13.05.2020, S. 8 (https://www.faz.net/aktuell/politik/warum-schweigen-die-evangelischen-bischoefe-zu-corona-16771983.html – Zugriff 07.09.2022).

berühren", und zwar insbesondere mit den „Themen, die Jesus in der Bergpredigt anspricht", weil das genau die Themen seien, „die die Menschen auf der Suche nach einem glücklichen Leben haben".[176]

Im Jesus der Bergpredigt zeigt sich der offenbare Gott (deus revelatus). An diesen soll der Christenmensch sich unbedingt in Glück und Leid, im Leben und im Sterben klammern. Das schließt aber leider nicht aus, dass wir Christenmenschen immer wieder auch auf den verborgenen Gott (deus absconditus) stoßen, den wir nicht begreifen, an dem wir uns stoßen und reiben, an dem wir verzweifeln, den wir anklagen. Das Übel und Böse dieser Welt allein als menschengemacht zu betrachten oder einem naturbedingten Fatum zuzuordnen, reicht vielen Menschen als Erklärung nicht aus. Der Glaube an Gott beinhaltet immer auch den Glauben an seine Allmacht, wie es gleich zu Beginn des apostolischen Glaubensbekenntnisses klar ausgesprochen wird. Wer nur noch von dem offenbaren Gott redet, läuft Gefahr, Gott zu einer Projektion der eigenen Wunschvorstellungen zu machen und deshalb nicht mehr ernst genommen zu werden. Es fragt sich, ob die neuen Deutungsmuster tatsächlich überzeugender sind als die alten. Wenn überhaupt eine Theologie der letzten Jahrhunderte eine dialektische Theologie der Krise war, dann war es im Übrigen diejenige von Karl Barth, der auch ganz selbstverständlich von einem Gericht Gottes sprechen konnte.

Die Corona-Pandemie ab 2020 traf auch die Kirchen unvorbereitet. Es zeigte sich, welche Kirchengemeinden aktiv

---

176 https://www.idea.de/frei-kirchen/detail/corona-ratsvorsitzender-kritisiert -berichterstattung-113130.html (Zugriff 07.09.2022).

und lebendig waren und kreativ auf die damit verbundenen Herausforderungen reagieren konnten und welche nicht. Eine theologische Reflexion der Pandemie vermisst man jedoch weitgehend.

Von Jürgen Fliege bis Sibylle Lewitscharoff – die unterschiedlichen Gesichter der evangelischen Kirche

Welche Personen haben in den vergangenen Jahrzehnten der evangelischen Kirche gewissermaßen ein Gesicht gegeben bzw. wurden und werden als Gesichter des deutschen Protestantismus wahrgenommen? Das breite, bunte Spektrum umfasst etwa:

– den schillernden Fernsehpfarrer Jürgen Fliege, der u. a. zwischen 1994 und 2005 eine nach ihm benannte Talkshow im öffentlich-rechtlichen Fernsehen moderierte und sich von einem überzeugten Linksprotestanten zu einem geschäftstüchtigen Anhänger esoterischer und pseudowissenschaftlicher Heilverfahren und Kritiker der Corona-Schutzmaßnahmen 2020 wandelte;

– die weltweit erste lutherische Bischöfin, Maria Jepsen, Hamburg;

– die beiden ehemaligen EKD-Ratsvorsitzenden Wolfgang Huber, der sich u. a. auch als Sozialethiker einen Namen gemacht hat, und Margot Käßmann, die, in den Medien stets außergewöhnlich präsent, wohl als erste kirchliche Würdenträgerin ihr Privatleben teilweise öffentlich machte und nach ihrem Rücktritt als Ratsvorsitzende wegen einer Alkoholfahrt 2010 ein beispielloses Comeback u. a. als EKD-Reformationsbotschafterin, Buchautorin und Rednerin erlebte;

– den verstorbenen früheren Bundespräsidenten Johannes Rau, der wegen seines offen gelebten Christentums den

Spitznamen „Bruder Johannes" erhielt, und den parteilosen ehemaligen Bundespräsidenten Joachim Gauck, der als erster evangelischer Pfarrer das höchste Staatsamt in der Bundesrepublik Deutschland bekleidete.

Auch von den ehemaligen Bundespräsidenten Richard von Weizsäcker, Roman Herzog und Horst Köhler sowie dem gegenwärtigen Bundespräsidenten Frank Walter Steinmeier ist mindestens allgemein bekannt, dass sie evangelischer Konfession waren bzw. sind. Weizsäcker war u. a. Mitglied der EKD-Synode und gleich zwei Mal Kirchentagspräsident gewesen, Herzog u. a. Vorsitzender der EKD-Kammer für öffentliche Verantwortung, ebenfalls Mitglied der EKD-Synode und, als Nachfolger des früheren Bundespräsidenten Walter Scheel, Kuratoriumsvorsitzender der in der Öffentlichkeit allerdings wohl eher weniger bekannten Hermann Kunst-Stiftung zur Förderung der neutestamentlichen Textforschung an der Universität Münster. Köhler ist mit einer sehr engagierten evangelischen Religionslehrerin verheiratet und folgte u. a. Herzog als Kuratoriumsvorsitzender der Hermann-Kunst-Stiftung nach. Steinmeier war, bevor er zum Bundespräsidenten gewählt wurde, als Kirchentagspräsident vorgesehen und übernahm wiederum von Köhler den Vorsitz des Kuratoriums der Hermann-Kunst-Stiftung.

Weitere prominente kirchlich engagierte bzw. sich offen zum evangelischen Glauben bekennende Politikerinnen und Politiker gehören bzw. gehörten unterschiedlichen Parteien und Richtungen an. Zu nennen wären u. a. die Pfarrerstochter und Bundeskanzlerin a. D. Angela Merkel (CDU), die ehemaligen bzw. noch amtierenden Bundesministerinnen und -minister Christine Bergmann (SPD), Hermann Gröhe, Ursula von der Leyen, Thomas de Maizière, Wolfgang Schäuble (alle CDU), Manfred Stolpe (SPD) und Volker Wissing (FDP) sowie die Bundestagsvizepräsidentin Katrin Göring-Eckardt (Bündnis 90/Grüne). Dezidiert evangelische Ministerpräsidenten waren bzw. sind u. a. Günther Beckstein (CSU), Reinhard Höppner (SPD), Michael Kretschmer (CDU), Christine Lieberknecht (CDU), Bodo Ramelow (Linkspartei) und Markus Söder (CSU). Darüber hinaus könnte man etwa noch die Politikerinnen bzw. Politiker Kerstin Griese (SPD), Konstantin von Notz (Bündnis 90/Grüne) und Linda Teuteberg (FDP) erwähnen, aber z. B. auch den Mitbegründer und früheren Vorsitzenden der AfD Bernd Lucke sowie die frühere religionspolitische Sprecherin der Bundestagsfraktion der Linkspartei Christine Buchholz. Als evangelische Pfarrer sitzen bzw. saßen in jüngster Zeit im Bundestag Pascal Kober (FDP) und Christoph Matschie (SPD).

Die seit 2021 amtierende „Ampelregierung" ist die erste Regierung der Bundesrepublik Deutschland, die gleich von drei konfessionslosen Politikern, Olaf Scholz (SPD), Robert Habeck (Bündnis 90/Grüne) und Christian Lindner (FDP), angeführt wird, von denen nur der ehemalige Katholik Lindner bei der Vereidigung noch die religiöse Formel benutzte.[177] Bundesaußenministerin Annalena Baerbock (Bündnis 90/ Grüne) ist zwar Mitglied der evangelischen Kirche, erklärte dazu aber in einem Interview: „Ich bin nicht gläubig, aber trotzdem in der Kirche, weil mir die Idee des Miteinanders extrem wichtig ist."[178]

Aus dem konservativ-evangelikalen Lager sind einer breiteren Öffentlichkeit in letzter Zeit u. a. bekannt geworden:

---

177 https://www.katholisch.de/artikel/31418-diese-engagierten-christen-sitzen-im-neuen-bundestag (Zugriff 07.09.2022).

178 https://www.pro-medienmagazin.de/nicht-glaeubige-annalena-baerbock-kanzlerkandidatin-der-gruenen/ (Zugriff 07.09.2022).

die Bremer CDU-Bundestagsabgeordnete Elisabeth Motschmann, die gegen die Ehe für alle votierte, oder der Fernsehmoderator Peter Hahne, dessen zahlreiche Buchpublikationen hohe Auflagen erzielten, oder auch der Bremer Pfarrer Olaf Latzel, der sich wegen seiner polemischen und verletzenden Äußerungen über Homosexuelle und Andersgläubige mit der liberalen, allerdings kompetenzarmen Bremer Kirchenleitung und dem Bremer Senat geradezu ein Katz- und Maus-Spiel lieferte und sich sogar vor Gericht verantworten musste.

Im journalistischen Bereich wären neben Hahne u. a. zu nennen: die ZDF-Nachrichtenmoderatorin Gundula Gause, der ehemalige Chefredakteur der „Zeit", Robert Leicht, der aus der katholischen in die evangelische Kirche übergetretene Investigativjournalist Hans Leyendecker, sowie Heike Schmoll und Reinhard Bingener, die beide evangelische Theologie studierten und der FAZ-Redaktion angehören.

In den weiten Feldern der Wirtschaft und der Kulturlandschaft in Deutschland muss man nach dem Tod des ehemaligen Vorsitzenden des Deutschen Gewerkschaftsbundes, Heinz Oskar Vetter (gestorben 1990), des Unternehmers Heinz-Horst Deichmann (gestorben 2014) – beide kamen aus Freikirchen – sowie des Kabarettisten Hanns Dieter Hüsch (gestorben 2005) und des Schriftstellers Peter Härtling (gestorben 2017) gegenwärtig wohl schon etwas länger nach bekannten profilierten Protestantinnen und Protestanten Ausschau halten. Zu nennen wären etwa der frühere Vorsitzende der Unternehmensleitung des Pharmakonzerns „Boehringer Ingelheim", Andreas Barner, von 2013 bis 2015 Kirchentagspräsident und seit 2015 Mitglied des Rates der EKD, der aus einer Theologenfamilie stammende Bestseller-Autor Bernhard Schlink, der der SPD angehört, und die Schriftstellerin und Georg-Büchner-Preisträgerin Sibylle Lewitscharoff, die politisch eher dem konservativen Lager zuzurechnen ist und ihre evangelische Kirche zum Teil heftig kritisiert.

Prominente Protestantinnen und Protestanten der jüngsten Vergangenheit und der Gegenwart sind ganz unterschiedlichen kirchlichen und politischen Richtungen zuzuordnen; eine klare Präferenz für eine bestimmte Richtung ist nicht festzustellen. In manchen Bereichen, wie in der Wirtschaft, einschließlich der Gewerkschaften, oder in der Kultur, scheint es immer schwieriger zu sein, prominente Repräsentantinnen und Repräsentanten zu finden, die als evangelische Christen erkennbar sind. Die fehlende kirchliche Bindung vieler Mitglieder der aktuellen Ampelkoalition spiegelt den allgemeinen gesellschaftlichen Trend des Relevanzverlustes der Kirche.

Liberalismus und Kriminalitätsbewältigung – Kirche und Sexualität

Nach den intensiven Bemühungen um eine vollständige Gleichberechtigung und Gleichstellung der Frauen ab den 1970er Jahren, die den Frauen u. a. den Zugang zum Pfarramt (Frauenordination) und zu kirchenleitenden Ämtern, etwa dem Bischofsamt, ermöglichten, folgten ab der Jahrtausendwende entsprechende Bemühungen in den Landeskirchen im Hinblick auf homosexuelle Menschen und gleichgeschlechtliche Partnerschaften, teilweise gegen heftige Widerstände evangelikaler und traditional-konservativer Kreise.[179] Mittlerweile sind in vielen Landeskirchen Segnungen und Trau-

---

179 Vgl. hierzu u. a.: Klaus Fitschen, Liebe zwischen Männern? Der deutsche Protestantismus und das Thema Homosexualität (CuZ 3), Leipzig 2018.

ungen gleichgeschlechtlicher Partnerinnen und Partner möglich, auch für Pfarrerinnen und Pfarrer. Das ist zweifellos ein Fortschritt, der den wissenschaftlichen Erkenntnissen über die unterschiedliche sexuelle Orientierung der Menschen und den allgemeinen gesellschaftlichen und rechtlichen Entwicklungen entspricht.

In den Kirchen beruft man sich auf neue biblisch-theologische Einsichten. Es „bleibt entscheidend", so heißt es in einer Orientierungshilfe des Rates der EKD von 2013, „wie Kirche und Theologie die Bibel auslegen und damit Orientierung geben"[180]. Nachdem die christlichen Kirchen und die christliche Theologie jahrhundertelang unter Berufung auf die Bibel eine ausgesprochen rigide Ehe- und Sexualmoral vertreten haben, ist es allerdings fraglich, wie überzeugend es ist, wenn die Orientierungshilfe darauf hinweist, dass es in der Bibel neben „Aussagen, in denen Homosexualität als Sünde gekennzeichnet wird", auch Texte gebe, „die von zärtlichen Beziehungen zwischen Männern sprechen".[181] Nach dem biblischen Zeugnis verband etwa David und Jonathan wie Jesus und Johannes jeweils eine enge Freundschaft; dafür, dass es sich dabei um homosexuelle Beziehungen handelte, gibt es aber wohl keine Belege. Es wäre vermutlich ehrlicher und überzeugender, mit dem Hinweis auf deren zeitgebundenen soziokulturellen Kontext einen klaren Bruch mit der biblischen Tradition zu konstatieren.

Nun betont die Orientierungshilfe allerdings, dass jenseits der einzelnen Textstellen „durch das biblische Zeugnis

---

180 Zwischen Autonomie und Angewiesenheit. Familie als verlässliche Gemeinschaft stärken. Eine Orientierungshilfe des Rates der EKD, Gütersloh 2013, S. 54.
181 A. a. O., S. 66.

hindurch ... als ‚Grundton' vor allem der Ruf nach einem verlässlichen, liebevollen und verantwortlichen Miteinander, nach einer Treue, die der Treue Gottes entspricht", klinge.[182] Hier wiederum fragt man sich, ob und wie die Kirche in der Praxis diesen Ruf zur Treue tatsächlich noch deutlich vernehmbar artikuliert. Denn längst gilt ja z. B. selbst für leitende Geistliche nicht mehr das, was von ihnen im sogenannten Bischofsspiegel 1. Timotheus 3, 2 gefordert wird, dass sie nämlich ihrer Ehepartnerin bzw. ihrem Ehepartner treu sein sollen. Angesichts der hohen Scheidungsraten und des von Soziologen und Psychologen festgestellten zunehmenden und mehr und mehr gesellschaftlich akzeptierten Trends zu „offenen Beziehungen", promiskuitiven, bisexuellen und polyamourösen Lebensformen darf man gespannt sein, ob und wie die Kirche ihre Ehe- und Sexualmoral diesen Entwicklungen demnächst anpasst. Polygame Beziehungen sind in der Bibel (vgl. die Erzelternerzählungen) vermutlich sogar besser belegt als homosexuelle, wenngleich sie mit guten Gründen im Judentum und Christentum bisher abgelehnt worden sind.

Etwa parallel zu der eben beschriebenen Liberalisierung der Ehe- und Sexualmoral wurde man in der Gesellschaft und auch in der Kirche auf das lange Zeit tabuisierte oder zumindest stark relativierte Problem des sexuellen Missbrauchs aufmerksam. Insbesondere in der katholischen Kirche sorgte und sorgt das Thema für heftige Turbulenzen und eine äußerst breite mediale Berichterstattung und Kommentierung. Wer z. B. die Beilage „Christ & Welt" der Wochenzeitung „Die Zeit" liest, bekommt mitunter den Eindruck, als kenne man dort seit Monaten eigentlich nur noch dieses eine Thema.

---

182 Ebd.

144

Den Bischöfen und anderen leitenden Geistlichen warf man einen allzu nachsichtigen Umgang mit den Tätern, Vertuschungen, eine mangelnde Sensibilität für die oft minderjährigen Opfer und eine unzureichende Aufklärung, Wiedergutmachung und Prävention vor. Obwohl es auch im Kultur- und Sportbereich sowie in politischen Parteien (Berliner Landesverband der Grünen, hessischer Landesverband der Linkspartei) zu Fällen von sexuellem Missbrauch kam, scheint das Problem in der öffentlichen Wahrnehmung vor allem ein Problem der katholischen Kirche zu sein. Die erschreckend große Zahl der mittlerweile bekannt gewordenen Täter und auch einiger (Mit-)Täterinnen, die noch deutlich größere Zahl der Opfer, die männerdominierten hierarchischen Strukturen, die jahrhundertealte äußerst rigide Sexualmoral und die staatskirchenrechtlich verbrieften Sonderrechte sowie nicht zuletzt die hohe moralische „Fallhöhe" und das ungeschickte – nicht selten als Heuchelei und Doppelmoral empfundene – Agieren und Kommunizieren der in der Kirche Verantwortlichen haben dazu sicher beigetragen.

Dass die mediale Aufmerksamkeit sich seit längerem allgemein deutlich mehr auf die katholische Weltkirche als auf die ritenarme und wenig prunkvolle evangelische Kirche richtet, scheint im Falle der Missbrauchsskandale der evangelischen Kirche durchaus zugutegekommen zu sein. Denn auch in der evangelischen Kirche hat es sexuellen Missbrauch, nachsichtigen Umgang mit Tätern, Vertuschungen, mangelnde Fürsorge und Wiedergutmachung für die Opfer, unzulängliche Aufklärung und Prävention etc. gegeben. 2010 trat die Hamburger Bischöfin Jepsen zurück. Der Hintergrund waren Vorwürfe, sie habe trotz entsprechender Informationen jahrelang nichts gegen einen Pastor ihres Sprengels unternommen, der gegenüber Minderjährigen sexuell übergriffig geworden war.[183] Für Aufsehen in jüngster Zeit sorgten u. a. die Fälle des langjährigen, ehemals hochgeschätzten Jugendwartes der sächsischen Landeskirche, Kurt Ströer, dem eine Mischung aus spirituellem und sexuellem Missbrauch an mehr als 30 Jugendlichen zur Last gelegt wird,[184] oder des charismatischen hannoverschen Pastors und Evangelisten Klaus Vollmer, dessen Missbrauch junger Männer auch durch mangelnde Personalaufsicht seitens der Landeskirche mit ermöglicht worden sein soll.[185]

Das Beispiel des ehemaligen Leiters der reformpädagogischen Odenwaldschule, des evangelischen Theologen Gerold Becker, der u. a. Mitglied des Präsidiums des Deutschen Evangelischen Kirchentages und der EKD-Bildungskammer war, zeigt, dass Pädokriminalität sich auch in einem erklärtermaßen progressiven protestantischen Milieu entwickeln konnte; Becker gilt sogar als einer der schlimmsten Intensivtäter unserer Zeit. Eine systematische Aufarbeitung des sexuellen Missbrauchs in der evangelischen Kirche hat erst begonnen. Im Herbst 2018 wurde ein Beauftragtenrat der EKD zum Schutz vor sexualisierter Gewalt eingerichtet, im Juli 2020 nahm in Hannover eine Fachstelle „Sexualisierte Gewalt" der EKD ihre Arbeit auf.[186] Die nach nur wenigen Monaten erfolgte Auflösung des EKD-Betroffenenbeirates im Mai 2021 bedeutete nach Ansicht der „Süddeutschen Zeitung"

---

183 https://www.welt.de/politik/deutschland/article8497264/Hamburger-Bischoefin-Jepsen-tritt-zurueck.html (Zugriff 07.09.2022).

184 https://www.sonntag-sachsen.de/2022/19/betroffene-nicht-allein-lassen (Zugriff 07.09.2022).

185 https://www.landeskirche-hannovers.de/evlka-de/presse-und-medien/pressemitteilungen/landeskirche/2022/22-02-17 (Zugriff 07.09.2022).

186 https://www.ekd.de/fachstelle-sexualisierte-gewalt-57194.htm (Zugriff 07.09.2022).

einen „schweren Dämpfer für die Missbrauchsaufarbeitung bei den Protestanten"[187].

Anders als die römisch-katholische Kirche und die orthodoxen Kirchen hat die evangelische Kirche ihre Sexualmoral der allgemeinen gesellschaftlichen Entwicklung angepasst. Sie leistet dadurch einen wertvollen Beitrag zur rechtlichen und sozialen Gleichstellung aller Menschen, ungeachtet ihrer sexuellen Orientierung und Geschlechtsidentität. Versuche einer biblisch-theologischen Begründung dieses Kurswechsels sind allerdings nicht immer überzeugend. Während in den Medien sexueller Missbrauch in der römisch-katholischen Kirche breiten Raum einnimmt, muss konstatiert werden, dass es auch in den evangelischen Kirchen sexuellen Missbrauch gegeben hat, dessen genaue Dimensionen noch untersucht werden müssen. Das Beispiel Gerold Beckers zeigt, dass sexueller Missbrauch nicht nur vor dem Hintergrund einer restriktiven katholischen Sexualmoral, sondern auch in einem betont liberalen protestantischen Milieu gedeihen konnte.

Kirche als bloße Kulisse? –
Die umstrittene Trauung eines Bundesministers

Im Juli 2022 erfuhr die erstaunte Öffentlichkeit anlässlich der (zweiten) Hochzeit des FDP-Vorsitzenden und Bundesfinanzminister Christian Lindner, dass mindestens in der Nordkirche inzwischen unter bestimmten Voraussetzungen auch dann eine kirchliche Trauzeremonie möglich ist, wenn beide Ehepartner aus der Kirche ausgetreten sind. In der evangelischen St.-Severin-Kirche in Keitum auf Sylt führte die Ge-

187 https://www.sueddeutsche.de/politik/evangelische-kirche-missbrauch-1.5 291289 (Zugriff 07.09.2022).

meindepastorin am 9. Juli 2022 die Trauzeremonie durch, auch der bekannte Philosoph Peter Sloterdijk wirkte mit. Nach Auskunft von „evangelisch.de" riss die Kritik an der kirchlichen Trauzeremonie nicht ab.[188]

Ein paar Pro- und Contra-Stimmen aus der evangelischen Kirche seien kurz exemplarisch referiert: Der Bischof von Schleswig und Holstein, Gothart Magaard, stellte sich hinter seine Pastorin:

> „Zwar sehe die Lebensordnung der Nordkirche vor, dass bei einer Trauung mindestens ein Partner Mitglied der evangelischen Kirche sein soll. Ausnahmen lägen jedoch im Ermessen des Seelsorgers. ‚Es ist etwas Wunderbares, wenn sich zwei Menschen den Segen Gottes zusprechen lassen wollen', betonte der Theologe."[189]

Scharfe Kritik kam dagegen von Margot Käßmann in einer Kolumne der „Bild am Sonntag":

> „Weshalb wünschen zwei Menschen eine kirchliche Trauung, die bewusst aus der Kirche ausgetreten sind, ja öffentlich erklärt haben, dass sie sich nicht als Christen verstehen? Dazu kommt noch die Rede eines Philosophen statt einer Predigt. Herr Sloterdijk hat mal erklärt: ‚Das Christentum ist ein gescheitertes Projekt.' Worüber hat der Mann geredet in St. Severin? Über die Liebe Gottes? Hier ging es nicht um christlichen Inhalt, sondern um eine Kulisse. Dazu aber sollte sich unsere Kirche nicht hergeben. Gotteshäuser sind Orte, in denen Menschen über Jahrhunderte Freud und Leid vor Gott bringen. Sie sind durchbetete Räume, die Trost spenden. Hier entsteht Gemeinschaft von Christen. Durch Kirchenmitgliedschaft und ehrenamtliches Engagement wird möglich, dass diese Räume erhalten werden. Das ist schwer in Zeiten, in denen viele austreten."[190]

---

188 https://www.evangelisch.de/inhalte/203240/09-07-2022/lindner-heiratet-kirchlich-ohne-mitglied-zu-sein (Zugriff 07.09.2022).

189 Ebd.

190 https://www.bild.de/politik/kolumnen/politik/eine-frage-der-haltung-wer-nicht-in-der-kirche-ist-sollte-nicht-kirchlich-heirat-80653240.bild.html (Zugriff 07.09.2022).

Die hannoversche Regionalbischöfin Petra Bahr wiederum verteidigte die Zeremonie auf Sylt und warf Käßmann vor, „sie urteile über die Motive eines Paares, obgleich sie beim vorbereitenden Traugespräch nicht dabei gewesen sei"[191]. Für die EKD-Synodale und Theologieprofessorin am Theologischen Seminar Herborn, Angela Rinn, stellte sich die Frage, „warum man sich die Kirchensteuer nicht einfach auch sparen könnte, wenn Nichtmitglieder die gleichen Rechte und Vorteile haben wie Kirchenmitglieder"[192]. Für Magaard war das kein überzeugendes Argument. Er teile nicht die Sorge, dass Kirchenmitglieder verärgert sein könnten und die Glaubwürdigkeit der Kirche auf dem Spiel stehe: „Mit dieser Ausnahme setzen wir ein Zeichen der Gastfreundschaft und der Großzügigkeit."[193] Lindner selbst erklärte, er habe seinen Amtseid im vergangenen Jahr bekanntlich auf Gott geschworen. Aus einer Kirche auszutreten, bedeute schließlich nicht, aus jeder Form der Spiritualität auszutreten, und er denke darüber nach, eventuell in die evangelische Kirche einzutreten, eine Rückkehr in die katholische Kirche dagegen schloss er aus. Sloterdijk habe lediglich „hinführende Gedanken" vorgetragen: „Er hat den Gottesdienst bereichert, geprägt hat ihn die Pastorin." Bei seinem Nachdenken über einen Eintritt in die evangelische Kirche habe ihn „manche Reaktion verunsichert, die frei von Kenntnis der Umstände und Motive parteipolitische Sympathien und gar Falschmeldungen mit seelsorgerischen Fragen vermischt hat"[194].

---

191 https://www.evangelisch.de/inhalte/203270/10-07-2022/theologinnen-streiten-kirche-nur-kulisse (Zugriff 07.09.2022).

192 Wie Anm. 188.

193 Ebd.

194 https://chrismon.evangelisch.de/artikel/2022/52843/warum-haben-christian-lindner-und-franca-lehfeldt-kirchlich-geheiratet (Zugriff 07.09. 2022).

Wie auch immer man die kirchliche Trauung auf Sylt beurteilen mag, der Vorgang zeigt das Dilemma, in dem die Kirche mit ihren Reformbemühungen heute steckt: Wie weit soll sie dem Säkularisierungstrend auf Kosten der traditionellen Grundsätze nachgeben oder an ihren traditionellen Grundsätzen festhalten auch auf die Gefahr hin, dass immer weniger Menschen noch etwas von ihr wissen wollen?

Kirchenreformen zwischen Anspruch und Wirklichkeit

In den vergangenen Jahren hat es etliche Reformbestrebungen und tatsächlich umgesetzte Reformen in der evangelischen Kirche gegeben. Der dringend nötige Reformbedarf wird allenthalben anerkannt. Dass die Kirche stets reformbedürftig ist, dass sie eine *ecclesia semper reformanda* ist, gehört ja auch zu den grundlegenden Einsichten der reformatorischen Lehre von der Kirche (Ekklesiologie).

Am meisten waren wohl die Kirchen in der ehemaligen DDR bzw. in den sogenannten neuen Bundesländern von Reformen betroffen. Die ein Jahr nach der staatlichen erfolgte kirchliche Wiedervereinigung der EKD warf viele Fragen auf, und zwar nicht nur im Hinblick auf verfassungsrechtliche, institutionengeschichtliche und wirtschaftliche Aspekte, sondern auch im Hinblick auf theologische Kontroversen und mentalitätsgeschichtliche Verwerfungen. Konkret ging es u. a. um das tatsächliche oder vermeintliche Machtgefälle zwischen der reichen West- und der finanziell abhängigen Ostkirche, um wechselseitige Vorurteile einer zu großen Staatsnähe, um den Militärseelsorgevertrag und den schulischen Religionsunterricht als eine Mischangelegenheit (*res mixta*) von Staat und Kirche. Längerfristige Folgen der kirchlichen Wiedervereinigung von 1991 waren etwa die Fusion von teilweise konfessionell unterschiedlich geprägten Landeskirchen zur Evangelischen Kirche in Mitteldeutschland, zur Evangelischen Kirche Berlin-Brandenburg-schlesische Oberlausitz und zur Evangelisch-Lutherischen Kirche in Norddeutschland (Nordkirche), wobei die letzten beiden zudem östliche und westliche Kirchen bzw. Teilkirchen miteinander vereinigten.

Im Unterschied zum Religionsunterricht, der sich auch im Bereich der Didaktik stets erneuert hat – man denke für die letzten Jahre nur an die konsequent eingeforderte Kompetenzorientierung und die Elementarisierung –, scheinen im Bereich der kirchlichen Strukturen trotz anderslautenden Bekundungen die Reformen kaum über Einsparmaßnahmen und Effizienzverbesserungen im Bereich der Verwaltung (Neues Kirchliches Finanzmanagement) hinausgegangen zu sein. Die allermeisten Predigten im Stil eines klassischen „Frontalunterrichts" unterscheiden sich formal kaum von denen früherer Jahrhunderte. Predigthörerinnen und -hörer müssen oft viel Geduld mitbringen und haben selten die Möglichkeit, Fragen, geschweige denn kritische Fragen zu stellen.

Im Unterschied zu den Predigten scheint man bei der Liturgie gerne mal zu experimentieren. Werden in der einen Gemeinde, in der ein Michaelsbruder Pfarrer ist, hochkirchliche Formen bevorzugt und wird dort die evangelische Messe gefeiert, schafft man in der Nachbargemeinde in freikirchlicher Manier die Liturgie mehr oder weniger ganz ab und verzichtet jedenfalls auf eine feste, wiedererkennbare, vertraute Form. Dazwischen gibt es vielfältige Versuche, eine eigene Liturgie, gerne mit Taizé- oder Iona-Gesängen, zusammenzubasteln. Die Frage stellt sich, ob es vor diesem Hintergrund nicht konsequenter wäre, grundsätzlich das Parochialsystem, wonach sich die Gemeindezugehörigkeit aus dem jeweiligen Wohnort ergibt, abzuschaffen und die individuelle Zuordnung zu klar erkennbaren Richtungsgemeinden zuzulassen, die sich dann auf überregionaler Ebene – vielleicht sogar anstelle der bisherigen Landeskirchen – zusammenschließen könnten.

Obwohl in der evangelischen Kirche immer wieder mit Stolz auf die partizipatorischen presbyterial-synodalen Strukturen hingewiesen wird, bleiben auf Grund des in den allermeisten Landeskirchen und in der EKD vorhandenen Siebsystems, wonach die Mitglieder kirchlicher Gremien jeweils nur die Mitglieder des nächsthöheren Gremiums wählen dürfen, sowie auf Grund von Sonderrechten der Pfarrerschaft, die etwa „geborene Mitglieder" der Kreissynoden sind, die Partizipationsmöglichkeiten der Gemeindeglieder seit etlichen Jahrzehnten begrenzt. Da in den letzten Jahren oft sogar nicht mehr genügend Kandidatinnen und Kandidaten zur Verfügung stehen, finden selbst Wahlen zu den Kirchenvorständen bzw. Presbyterien in vielen Gemeinden überhaupt gar nicht mehr statt. Direkte Wahlen zu den Landessynoden gibt es nur in Württemberg.

Auch die in aller Regel mehr historisch als theologisch zu legitimierenden landeskirchlichen Strukturen, die teilweise noch immer die Kleinstaaterei des Deutschen Reiches bzw. Bundes früherer Jahrhunderte abbilden und bei einem Umzug nicht selten zu einer merkwürdigen „Möbelwagenkonversion" führen, erweisen sich zumindest im Westen Deutschlands als erstaunlich stabil.

Nach dem Finanzskandal in der rheinischen Kirche um das Beihilfe- und Bezüge-Zentrum (bbz) in Bad Dürkheim legte die von der Landessynode eingesetzte Kommission unter der Leitung Reinhard Höppners 2013 einen Bericht vor, in dem grundlegende Reformen, u. a. eine stärkere Gewaltenteilung, empfohlen wurden, etwa die Einrichtung eines „eigenen Synodalvorstandes (Präsidium)" im Gegenüber zur Kirchenleitung.[195] Umgesetzt wurden solche Empfehlungen bislang nicht. Strukturelle kirchliche Reformbestrebungen und vermeintlicher oder tatsächlicher Reformstau wären ein lohnender Untersuchungsgegenstand kirchlicher Zeitgeschichtsforschung.

Die Verantwortlichen in der Kirche haben die Notwendigkeit von Reformen längst erkannt. Man kann fragen, ob diese Reformen angesichts der Kirchenkrise tiefgreifend genug sind und ob sie sich über den administrativen Bereich hinaus nicht auch auf den Bereich der Verkündigung und des Amtsverständnisses erstrecken sollten.

---

195 Bericht der [Höppner-]Kommission gemäß Beschluss Nr. 38 der Landessynode 2012 an die Landessynode 2013 der Evangelischen Kirche im Rheinland (https://www.ekir.de/www/downloads/Abschlussbericht_Kommission.pdf – Zugriff 07.09.2022), hier: S. 12.

III Wo die Mitte fehlt

Der Verlust der „Mitte der Gesellschaft"

Die Kirche erreicht immer weniger die gesellschaftliche Mitte. Sie ist, wie oben schon herausgestellt, eher alt, weiblich und gutbürgerlich. Aber auch in diesen gesellschaftlichen Gruppen verliert sie zunehmend an Zuspruch. Die Alten von heute waren in ihrer Jugend oft „Revoluzzer", die die Kirche schlicht altbacken und spießig fanden und ihr den Rücken kehrten; die Generation der „68er" hat heute das Alter von 70 Jahren längst überschritten. Die Frauen von heute müssen nicht selten Beruf und Familie unter einen Hut bringen und haben oft keine Zeit mehr für kirchliche Frauenkreise. Erst recht sind sie es leid, für kirchliche Veranstaltungen den Kuchen zu backen und den Abwasch zu erledigen – Tätigkeiten, die bis jetzt in den Gemeinden wohl überwiegend von Frauen erledigt werden müssen bzw. faktisch von Frauen erledigt werden. Und bürgerliche Kreise sind mitunter verschreckt durch politische Predigten oder der pastorale Moralismus geht ihnen schlicht auf die Nerven.

Das Hauptproblem der evangelischen Kirche ist die mangelhafte Nachwuchsarbeit, die unzureichende oder gar fehlende gemeinde- und evangeliumsnahe Kinder- und Jugendarbeit. Man kann es auf einen schlichten Nenner bringen: Die Qualität einer Kirchengemeinde erweist sich an der Qualität ihrer Kinder- und Jugendgottesdienste. Dazu rechne ich auch Kinderbibeltage oder -wochen, Freizeiten und Kinder-

oder Jugendkreise, die sich neben Spiel, Sport und Spaß auch mit Glaubensfragen auseinandersetzen. Man wird immer neue Wege, Methoden und Formate finden müssen, aber eine solche gemeinde- und evangeliumsnahe Kinder- und Jugendarbeit muss auf der Agenda der Gemeinden, der Pfarrerinnen und Pfarrer und der sonstigen haupt- und ehrenamtlichen Beschäftigten ganz oben stehen, ansonsten versündigt man sich an den nachfolgenden Generationen. Der Applaus und die Solidaritätsbekundungen für „Fridays for Future" u. ä. und die Umwandlung des Katechumenen- und Konfirmandenunterrichts in eine zeitlich stark verkürzte „Konfiarbeit" ersetzen nicht die Notwendigkeit, den Kindern und Jugendlichen den reichen Schatz des christlich-biblischen Glaubens anzubieten, mit ihnen über Gott und die Welt ins Gespräch zu kommen und die „religiöse Frage" – was ist der Sinn des Lebens, gibt es Gott und ein Leben nach dem Tod, was sind die Normen und Werte des Zusammenlebens etc.? – zu reflektieren und zu diskutieren.

Kinder und Jugendliche sind zu Recht verstimmt, wenn sie den Eindruck haben, Erwachsene wollen sich ihnen anbiedern, und, wenn sie überhaupt noch etwas von der Kirche erwarten, dann sind es Antworten auf die eben gestellten Fragen. Wenn Jugendliche sich z. B. der Jugendfeuerwehr anschließen, dann gehen sie selbstverständlich davon aus, dass sie dort nicht nur Spaß haben und Gemeinschaft erleben, sondern auch lernen, ein Feuer zu löschen und gefährdete Menschen und Tiere zu retten.

Dietrich Bonhoeffers Name wird heute in der evangelischen Kirche – zu Recht – ganz großgeschrieben. Viele seiner Schüler erkannten allerdings bereits, dass die in Deutschland dominante Bonhoeffer-Rezeption recht einseitig und von aktuellen Vereinnahmungstendenzen geprägt gewesen sei.[196] Hinter dem „politischen" Bonhoeffer sei der „fromme" Bonhoeffer verdeckt worden, der seine Schüler nicht nur zu einer persönlichen praxis pietatis, sondern auch zu Hausbesuchen und Evangelisationsveranstaltungen angehalten habe.[197] Über die konkrete Bezeichnung und die konkreten Methoden solcher Aktivitäten wird man heute sicher kritisch nachdenken müssen. Aber dass Pfarrerinnen und Pfarrer die Menschen und insbesondere natürlich ihre Gemeindeglieder mehr aufsuchen und auch an deren Leben teilhaben müssen, wenn diese denn schon nicht mehr zu ihnen kommen, das kann man von Bonhoeffer lernen. Dieser sollte wohl im Übrigen von der „Patina der Ikonisierung" befreit werden, wie es Sabine Dramm eindringlich gefordert hat, die in ihm mehr den Seelsorger von Widerstandskämpfern als selbst einen politischen Widerstandskämpfer sah.[198]

Dringend erforderlich wäre es, dass Pfarrerinnen und Pfarrer von Verwaltungstätigkeiten, Bauaufsicht, Personalmanagement etc. weitgehend entlastet werden. Solche Tätigkeiten sollten – auch im Sinne eines partizipatorischen und nicht pfarrerzentrierten Gemeindeverständnisses, das sich an der paulinischen Charismenlehre orientiert – konsequent an entsprechend qualifizierte Mitarbeiterinnen und Mitarbeiter delegiert werden; gegebenenfalls müssten dafür einzelne Pfarrstellen eingespart werden.

Der große Ökumeniker und Friedensnobelpreisträger Nathan Söderblom, von 1914 bis 1931 geistliches Oberhaupt

---

196 Vgl. Bernd Schoppmann, Bonhoeffers unbekannte Schüler. Vikare in Finkenwalde – Pfarrer in der Rheinischen Kirche (SVRKG 182), Bonn 2013.

197 A. a. O., S. 21–23.

198 Sabine Dramm, V-Mann Gottes und der Abwehr? Dietrich Bonhoeffer und der Widerstand, Gütersloh 2005; vgl. auch dies., Bonhoeffer ohne Heiligenschein, in: zeitzeichen 2/2006, S. 12–14.

der lutherischen Staatskirche von Schweden, bezeichnete 1929 „ohne Zögern die musikalische Übersetzung der Erlösungsgeschichte" als das „fünfte Evangelium"; ihren Höhepunkt habe diese Übersetzung in Johann Sebastian Bach erreicht.[199] Auch wenn Bach bis heute sonst nur spärlich besuchte große Gotteshäuser zu füllen und immer wieder auch junge Menschen – singende und musizierende wie zuhörende – in seinen Bann zu schlagen vermag, wird man doch zugestehen müssen, dass die Musikverständnisse und -geschmäcker verschieden sind. Und so sollte es in einer Gemeinde möglichst gleichermaßen eine musikalische Hochkultur und eine breite Beteiligungskultur geben; der Gospelchor sollte neben der Kantorei und dem Kinderchor, das Orgelspiel neben dem Posaunenchor und der Jugendband einen Platz haben. Dazu bedarf es natürlich qualifizierter und entsprechend honorierter Kirchenmusikerinnen und -musiker. Den Sparzwängen sollten jedenfalls Kirchenmusikerstellen nicht überproportional im Vergleich zu Pfarrstellen geopfert werden. Es ist auch nicht zu verstehen, warum hochqualifizierte Kirchenmusiker in der Regel nicht wie Pfarrer in den Genuss von kirchlichen „Beamtenprivilegien" kommen. Wie sehr Kirche über die Musik auch heute noch junge Leute erreichen kann, zeigt etwa das Beispiel der „Creativen Kirche" in Witten, die seit etlichen Jahren regelmäßig sehr gut besuchte Jugendgottesdienste veranstaltet, in denen Jugendgospelchöre etc. eine wichtige Rolle spielen.[200]

---

199 Zitiert nach: https://www.deutschlandfunk.de/johann-sebastian-bach-zur-ehre-gottes-und-recreation-des-100.html (Zugriff 07.09.2022).
200 https://www.creative-kirche.de/ (Zugriff 07.09.2022).

Die problematische Mittelpunktstellung der Politik und das Fehlen der politischen Mitte

Im November 1915 stellte ein Mitglied einer evangelischen Synode den förmlichen Antrag auf Abschaffung der Gottesdienste zur Eröffnung der Synodaltagungen. Die Begründung: Der Gottesdienst habe für den Inhalt und die Art der Synodalverhandlungen keinerlei sachliche Bedeutung mehr. Alles, insbesondere alles Staatliche, werde „hier hundertmal wichtiger genommen ... als Gott"[201]. Man kann fragen, ob Karl Barth – er war der Synodale – für sich selbst immer diese Kritik beherzigt hat, da er sich immer mal wieder in genuin politische Angelegenheiten einmischte. Man hat ihm auch vorgeworfen, dass er in der Zeit der „Weimarer Republik" durch seine illiberale Theologie „faktisch demokratierelativierend gewirkt" habe.[202] Man kann sich heute ferner darüber wundern, wie gleichgültig sich Barth etwa in seiner berühmten Programmschrift vom Juni 1933 „Theologische Existenz heute!" über Freiheit und Recht äußern konnte, die er als „zeitliche und irdische Güter" bezeichnete, die „schon manches Volk in alter und neuer Zeit hat ... entbehren müssen und dann auch entbehren können, wenn das kühne Unternehmen des ‚totalen Staates' es von ihm verlangte"[203]. Trotzdem hat der junge

---

201 Zitiert nach Eberhard Busch, Glaubensheiterkeit. Karl Barth. Erfahrungen und Begegnungen, Neukirchen-Vluyn ⁵1987, S. 11.

202 Friedrich Wilhelm Graf, „Der Götze wackelt"? Erste Überlegungen zu Karl Barths Liberalismuskritik, in: EvTh 46/1986, S. 422–441, hier: 440 f. Zu ähnlicher Kritik von anderen Theologen und Historikern vgl. Schneider, Barmen (wie Anm. 8), S. 100–102.

203 Karl Barth, Theologische Existenz heute! (ZZ Beiheft 2), München 1933. Neu hg. und eingeleitet von Stoevesandt, Hinrich (TEH. NF 219), München 1984, S. 40.

Synodale von 1915 mit seinem provokanten Antrag wohl etwas Richtiges gesehen und einen Nerv getroffen. Gut hundert Jahre später, so mein Eindruck, wäre das nicht viel anders. Weil die Kirche im Nationalsozialismus viel zu unpolitisch gewesen sei und weil eine unpolitische Haltung immer systemstabilisierend wirke, deswegen müsse sich die Kirche, so eine in kirchlichen Kreisen heute verbreitete Meinung, politisch aktiv einmischen, engagiert und ohne faule Kompromisse Partei ergreifen für den Frieden, für die sozial Benachteiligten bei uns und anderswo in der Welt und für die Umwelt und den Klimaschutz. Alles, selbst das Private, sei politisch, so hatten es die „68er" eingeschärft, demnach also auch die Kirche und ihr Tun und Lassen. Nun sollte es zweifellos im Hinblick auf die *Ziele* Frieden, Gerechtigkeit und Bewahrung der Schöpfung einen Konsens unter Christenmenschen geben, keinen Konsens gibt es freilich – weder in der Gesellschaft noch in der Kirche – über den richtigen *Weg* zur Erreichung dieser Ziele. Der richtige Weg muss vielmehr immer wieder neu ausgehandelt werden. Es müssen verschiedene, einander nicht selten widersprechende Interessen gegeneinander abgewogen und es müssen Kompromisse und politische Mehrheiten gefunden werden. Das alles findet in unserer Demokratie statt und Christen tun gut daran, sich an diesen demokratischen Prozessen aktiv zu beteiligen. Auch Kirchenleitungen können und dürfen auf Missstände und notwendige Maßnahmen aufmerksam machen. Vor politischen Einseitigkeiten und politischem Aktivismus oder gar vor der Präferenz für eine bestimmte politische Partei oder Bewegung sollten sie sich indes hüten; jedenfalls werden sie sich dafür nicht so ohne Weiteres auf die Kirchenmitglieder oder unanfechtbare biblisch-theologische Einsichten berufen können. Die Kirchen tun gut daran, sich schützend vor die freiheitlich-demokratische Grundordnung, einschließlich ihrer Institutionen, zu stellen, die die ungestörte Religionsausübung besser als in allen anderen politischen Systemen garantiert. Aber für welche demokratische politische Partei sich ihre Mitglieder entscheiden, muss diesen selbst überlassen bleiben. Die heutigen politischen Herausforderungen zeigen, wie relativ politische Positionen sein können, die lange Zeit für unumstößlich erachtet wurden. Man denke etwa nur an den Pazifismus der Grünen, der seit deren Gründung zu ihrem Markenkern gehörte. Schon im Kosovo-Krieg 1999 und vor allem angesichts des russischen Überfalls auf die Ukraine erfuhr dieser Pazifismus aber eine radikale Revision. Auch beim Thema soziale Gerechtigkeit gibt es oft keine einfachen Lösungen. Die Mieten in Städten wie Berlin sind für viele Menschen unerschwinglich teuer. Die Absicht, dies durch eine Mietpreisbremse zu ändern, war daher zunächst verständlich. Aber diese Maßnahme führte dazu, dass kaum noch neue Wohnungen gebaut wurden und es noch schwerer wurde, in Berlin überhaupt eine Wohnung zu finden.[204] Aus Umwelt- und Klimaschutzgründen beschloss man in Deutschland den Ausstieg aus der Kernenergie und der Kohleverstromung. Das angestrebte Ziel, diese Energie durch umwelt- und klimafreundliche Solar- und Windenergie zu ersetzen, konnte aber nicht so rasch verwirklicht werden. Übergangsweise setzte man auf Gas – und machte sich abhängig von Russland und finanzierte dessen verbrecherischen Krieg gegen die Ukraine mit, der abgesehen vom Massenmord an der Zivilbevölkerung und von der Zerstörung ganzer Dörfer und

---

204 https://www.tagesspiegel.de/wirtschaft/angebot-an-wohnungen-hat-sich-halbiert-mietendeckel-hat-dramatische-folgen-fuer-neu-berliner/269422 16.html (Zugriff 07.09.2022).

Städte auch die Umwelt und das Klima massiv schädigt. Die Beispiele mögen genügen, um zu zeigen, dass in der Politik eine gute, richtige Absicht allein nicht genügt, dass politische Entscheidungen nicht selten in ein Dilemma führen oder sogar das Gegenteil von dem bewirken können, was sie bezwekken sollten. So einfach, wie sich das manche jugendlichen Enthusiasten („Hört auf die Wissenschaft!") oder Apokalyptiker („Letzte Generation") und ihre auch kirchlichen Sympathisanten vorstellen, ist das politische Geschäft leider nicht.

Die AfD wird u. a. wegen ihrer ausländerfeindlichen und den Klimawandel leugnenden Politik sowie wegen ihrer Nähe zu rechtsradikalen und -extremistischen Gedanken, Kreisen und Personen für einen Christenmenschen nicht wählbar sein. Von diesem Milieu gehen derzeit sicher die größten Gefahren für unsere Demokratie aus. Es ist deshalb zu begrüßen, dass es eine breite politische Front gegen diese Gefahren gibt. Auf der anderen Seite des politischen Spektrums hat sich die Linkspartei u. a. im gemeinsamen Abwehrkampf gegen rechts den Parteien der Mitte angenähert. In einigen Bundesländern ist sie an der Regierung beteiligt, in Thüringen stellt sie sogar den Ministerpräsidenten, der ein landesväterlichstaatsmännisches Image hat und, wie erwähnt, ein bekennender evangelischer Christ ist. Ob die Linkspartei deswegen von Christenmenschen gewählt werden sollte, erscheint mir dennoch als fraglich. Als Rechtsnachfolgerin der SED tut sie sich immer noch schwer, die Geschichte der DDR, in der massiv Menschenrechte verletzt und u. a. Christen diskriminiert wurden sowie rücksichtsloser Raubbau an der Natur betrieben wurde, selbstkritisch aufzuarbeiten und die DDR als das zu bezeichnen, was sie tatsächlich war: ein Unrechtsstaat. Auch irritiert, dass sich die politischen Positionen von einzelnen Vertreterinnen und Vertretern der beiden Parteien am rechten und linken Rand mitunter verblüffend ähneln, etwa in der Bewertung der russischen Politik und der Frage militärischer Unterstützung der Ukraine.

Viele (christlichen) Wählerinnen und Wähler werden immer wieder genau hinschauen und differenzieren: Wer etwa bestimmten sozialpolitischen Forderungen der SPD zustimmt, kann gleichzeitig etwa bestimmte sicherheitspolitische Positionen der Unionsparteien, das Eintreten der FDP für Bürgerrechte und klimapolitische Ziele der Grünen gut finden. Umgekehrt muss, wer bestimmte konservative Ansichten vertritt und z. B. gegen eine weitere Liberalisierung der Sterbehilfe oder der Abtreibung ist, deswegen noch nicht automatisch ein Unionsanhänger sein – genauso, wie jemand, der etwa für eine Wiederbelebung des sozialen Wohnungsbaus und die völlige Gleichberechtigung gleichgeschlechtlicher Partnerschaften eintritt, deswegen noch nicht automatisch ein SPD- oder Grünenanhänger sein muss; und nicht jeder, der FDP wählt, ist deswegen schon gleich ein Kapitalist. Man muss die FDP nicht mögen und nicht wählen, wenn aber der FDP-Bundestagsabgeordnete und evangelische Pfarrer Pascal Kober mit Hinweis auf die protestantischen Wurzeln des deutschen Liberalismus – man denke etwa an Friedrich Naumann, Theodor Heuss oder auch an Hildegard Hamm-Brücher – eine wechselseitige Entfremdung zwischen Kirchenoberen und Liberalen auf Grund der „zunehmenden Ununterscheidbarkeit kirchlicher Verlautbarungen und grün-roter Positionen" beklagt,[205] dann ist das doch wohl ein

---

205 Pascal Kober, Die Kanzeln sind rot-grün geworden, in: Die Welt, 07.09.2019 (auch online: https://www.welt.de/print/die_welt/debatte/article199849848/ Gastkommentar-Die-Kanzeln-sind-rot-gruen-geworden.html – Zugriff 07.09.2022).

deutliches Alarmsignal. Zur Demokratie gehört das gewissenhafte Abwägen, das auch zu wechselhaftem Wahlverhalten führen kann, und sei es nur, um nach Jahren mal einen Regierungswechsel mit herbeizuführen. Die bei manchen kirchlichen Repräsentantinnen und Repräsentanten zu beobachtende (partei-)politische Engführung ist übergriffig und wird von vielen Kirchenmitgliedern als Entmündigung empfunden. Erst recht gilt das, wenn der Eindruck entsteht, Kirchenvertreter kümmerten sich – mit dem Argument, alles sei letztlich politisch – mehr um politische Angelegenheiten als um die eigentlichen Kernanliegen der Kirche, um die Theologie im engeren oder eigentlichen Sinne. Das Argument, alles sei letztlich politisch, ist nicht ganz von der Hand zu weisen, aber aus theologischer Perspektive muss doch eigentlich umgekehrt gelten: Alles, auch das Politische, ist letztlich theologisch. Auch das Tun und Lassen anderer gesellschaftlicher Gruppen und Akteure ist immer auch politisch, dennoch kümmern sich z. B. Sportvereine in allererster Linie nicht um Politik, sondern um Sport.

Nachtrag: Im November 2022 wurde eine Klimaaktivistin der Gruppe „Letzte Generation" eingeladen, auf der EKD-Synode in Magdeburg zu sprechen. Eine Mehrheit der Synodalen bedachte das Statement mit stehendem Applaus.[206] Wegen ihrer radikalen Protestformen mit bewussten Rechtsverstößen wie Nötigungen, risikoreichen Eingriffen in den Straßen- und Flugverkehr, Sachbeschädigungen oder Lebensmittelattacken auf Kunstwerke, die ihre zweifellos bedenkenswerten Ziele diskreditieren, wird die Gruppe zum Teil scharf kritisiert, selbst von führenden grünen Politikern, wie Ricarda Lang, Omid Nouripour, Cem Özdemir und Renate

---

206 https://www.ekd.de/livestream-synode2022-75411.htm (Zugriff 11.11.2022).

Künast, oder auch von dem früheren EKD-Ratsvorsitzenden Bedford-Strohm.[207] Mit ihrem Applaus entfernten sich die EKD-Synodalen deutlich von der politischen Mitte in Deutschland, und sie müssen sich fragen lassen, ob sie nicht mindestens indirekt den demokratischen Konsens preisgeben, dass politische Ziele, und seien diese auch noch so wichtig, in einem freiheitlich-demokratischen Staat nicht mit Hilfe von Rechtsverstößen, sondern nur durch parlamentarische Mehrheiten zu erreichen sind, um die man sich bemühen muss – durchaus auch mittels außerparlamentarischer Proteste, sofern diese rechtskonform sind. Es ist sehr zu vermuten, dass ein Großteil der evangelischen Gemeindeglieder sich durch solche Synodale nicht repräsentiert fühlt; nicht wenige werden womöglich sogar über einen Kirchenaustritt nachdenken. Offenbar merken die applaudierenden Synodalen gar nicht, dass sie Teil einer bestimmten „Blase" sind, in der kritische Stimmen, etwa von Seiten der Polizeigewerkschaft oder auch von Politikerinnen und Politikern wie den oben genannten Grünen (ganz zu schweigen von sozialdemokratischen, liberalen und konservativen), offenbar konsequent ausgeblendet werden. Wem wirklich an einer klimagerechten Wende gelegen ist, der sollte darauf bedacht sein, möglichst breite Gesellschaftsschichten mit ins Boot zu bekommen; die Solidarisierung mit einer radikalen Gruppe, deren Protestformen weite Teile der Gesellschaft abstoßen, ist auch unter diesem Gesichtspunkt wohl eher kontraproduktiv.

---

207 https://de.wikipedia.org/wiki/Letzte_Generation (Zugriff 11.11.2022); dort auch detaillierte Belege.

Das Beiseitedrängen der Theologie und theologische Einseitigkeiten

Die Kehrseite einer politisierten Kirche ist der Eindruck, dass die Theologie im engeren oder eigentlichen Sinne verdrängt oder bis zur Unkenntlichkeit vermischt zu werden scheint mit allgemeinen sozialethischen und politischen Fragestellungen, Stellungnahmen und Aktivitäten. Der renommierte Berliner Theologe Wolf Krötke, in den 1950er Jahren politischer Häftling in der DDR, warnte: „Wenn eine christliche Kirche ... im erhöhten Ton nur nachspricht, was sich eine kluge Ethik auch selber sagen kann, dann wird sie selbst zum allergrößten Hindernis ihrer Botschaft."[208] Während es früher heftige theologische Streitigkeiten, etwa zwischen Barthianern und Bultmannianern, gab, ist man heute mitunter froh, wenn überhaupt noch eine profilierte theologische Reflexion oder Position erkennbar ist.

2021 plädierte der emeritierte Professor für Neues Testament in Saarbrücken Wolfgang Kraus in einem offenen Brief gegenüber Erwägungen, die Sprachanforderungen im Theologiestudium zu senken, für eine sorgfältige Bibelexegese unter Berücksichtigung auch des Urtextes. Das provozierte eine heftige Polemik eines Pfarrers im Publikationsorgan des bayerischen Pfarrer- und Pfarrerinnenvereins:

> „Ich habe mich mal unter einem knappen Dutzend meiner Berufskolleg*innen umgehört und die Gretchenfrage gestellt: ‚Wie hältst du es mit der Übersetzung aus dem Urtext bei der Predigtvorbereitung?' – Die Antworten hier einzeln aufzuführen, würden ein hochsensibles Professorengemüt wahrscheinlich zu sehr erschüttern. Nur so viel:

---

208 Wolf Krötke, Barmen – Barth – Bonhoeffer. Beiträge zu einer zeitgemäßen christozentrischen Theologie (Unio und Confessio 26), Bielefeld ²2014, S. 19.

zwei haben mich ob der Frage ausgelacht und das war ihre Antwort. ...
Aber nach den Ausführungen von Herrn Kraus ist es mir ein Rätsel,
wie ich gut 30 Jahre lang Sonntag für Sonntag (und die vielen Kasual-
ansprachen nicht zu vergessen!) an meinem Vertrauen, meiner Hoffnung, meinen Zweifeln teilhaben lassen konnte, und dabei mit aller
menschlichen Unvollkommenheit versucht habe, das Evangelium zu
predigen, ohne vorausgehende Beschäftigung mit dem textkritischen
Apparat (wenn schon – denn schon!) und eingehende exegetische Analyse des Urtextes (Ironie off!). Und ja, ich hätte da gerne mehr getan,
aber nein: Da war zu viel anderes, auch Wichtiges, das laut ‚hier'
geschrien hat und getan werden musste ... Und so war es eben der
Normalfall, dass ich mich um halb 7 Uhr früh hingesetzt habe, und
die Predigt dann um 9 Uhr zum Glockenläuten fertig war."[209]

Ich selbst habe es verschiedentlich erlebt, dass eine Predigt
mehr oder weniger komplett dem Internet entnommen
wurde. Das ist je nach Fund im Internet vielleicht sogar besser, als nur auf die Schnelle subjektive Assoziationen (mein
Vertrauen, meine Hoffnung, meine Zweifel) zu notieren, auch
wenn dann wohl kaum noch ein Bezug zu der konkreten
Gottesdienstgemeinde erkennbar ist und man in der Regel
schnell merkt, dass da jemand kopiert hat.

Die von Luther geprägte reformatorische Theologie zeich-
net sich im Grunde durchweg durch eine dialektische Struktur aus: das Wort Gottes als Gesetz und Evangelium; der
Mensch als Gerechter und Sünder zugleich; der verborgene
und der offenbare Gott; Jesus Christus als wahrer Mensch und
wahrer Gott; die verborgene und die sichtbare Kirche; präsen-
tische und futurische Eschatologie; Freiheit und Verantwortung; unfreier Wille und Rechtfertigung; geistliches und
weltliches Regiment; Amt und Gemeinde etc. Man könnte
etwa auch allgemeinere Kategorien hinzufügen, wie z. B. Theo-

---

209 Korrespondenzblatt 2, 2022, S. 40.

logie als biblische und systematische Theologie, als Glaubenslehre und Ethik oder Theologie und Anthropologie, Bekenntnistradition und aktuelles Bekennen. Die dialektische Struktur findet sich sogar in EKD-Verlautbarungen, wie z. B. im Titel der EKD-Denkschrift zum Religionsunterricht von 1994 „Identität und Verständigung"[210].

Meine Wahrnehmung ist, dass dort, wo tatsächlich noch Theologie erkennbar ist, die eben beschriebene dialektische Struktur nicht selten preisgegeben wird zugunsten der Konzentration auf eine der beiden Seiten. Das aber führt nicht nur zu Einseitigkeiten, sondern auch zu Banalisierungen, etwa wenn das Wort Gottes einseitig als Evangelium – mitunter auch einseitig als Gesetz –, der Mensch nur als Gerechtfertigter, Jesus Christus nur als vorbildlicher Mensch, die Kirche nur als sichtbare Nichtregierungsorganisation wahrgenommen wird. Warf man den Kirchen früher nicht zu Unrecht Jenseitsvertröstung vor, so kann man heute vielfach gleichsam Diesseitsvertröstung feststellen. Auch die Spannung zwischen den Polen Freiheit und Verantwortung bzw. unfreier Wille und Rechtfertigung scheint sich einseitig zugunsten der Betonung einer weitgehenden Autonomie des Menschen aufgelöst zu haben. Die Unterscheidung zwischen geistlichem und weltlichem Regiment wird sehr oft mit dem ungenauen und missverständlichen Etikett „Zwei-Reiche-Lehre" versehen und als politisch gefährlich naiv abgetan; stattdessen wird dann ein politisches Wächteramt der Kirche reklamiert. Schließlich scheint auch das Verhältnis von Amt und Gemeinde nicht ausgewogen zu sein. Obwohl die evan-

---

210 Identität und Verständigung. Standort und Perspektiven des Religionsunterrichts in der Pluralität. Eine Denkschrift, im Auftrag des Rates der EKD hg. vom Kirchenamt der EKD, Gütersloh 1994 (Hervorhebung TMS).

gelische Kirche stets stolz auf ihre presbyterial-synodale Ordnung ist und die Partizipationsmöglichkeiten aller Gemeindeglieder hervorhebt, ist sie faktisch doch in vielerlei Hinsicht eine ausgesprochene Pastoren- bzw. Pastorinnenkirche; das Pfarramt dominiert zunehmend in der Gemeinde.

In der Weihnachtsausgabe des „Zeit-Magazins" 2021 veröffentlichte die Theologin und Publizistin Johanna Haberer gemeinsam mit ihrer Schwester, der „Zeit"-Redakteurin Sabine Rückert, unter der Überschrift „Das Unmögliche ist möglich" einen Artikel über biblische Wunder. Darin beklagen die Autorinnen, dass „sich die christliche Theologie ihrer überirdischen Erzählungen ein bisschen" schäme, seit diese „vom aufgeklärten Denken belächelt" würden: „Das ist schade." Als Sinn der Wundererzählungen wird sodann herausgestellt:

> „Menschen sind in der Lage, die Welt ganz neu und unerwartet zu formatieren. ... Allen Wunderbringern gemeinsam ist, dass sie eine Tür sehen, wo scheinbar keine ist. Dass sie Unmögliches erst für möglich halten – und dann auch noch möglich machen. Wer an Wunder glaubt, verlässt die Trampelpfade des ‚So war es, und so bleibt es' und schlägt Wege ein, die es bis eben noch gar nicht gab. Wer nicht an Wunder glaubt, ist kein Realist. Das feiern wir an Weihnachten."

Als Beispiele für „Wunderbringer" werden genannt: „Forscherinnen, die Stoffe gegen tödliche Viren entwickeln", „Friedenswanderer" wie Mahatma Gandhi, „Künstler wie Pablo Picasso, die alle Konventionen hinter sich ließen", „Widerständige wie die Afroamerikanerin Rosa Parks", die durch ihren Busstreik in Alabama die Bürgerrechtsbewegung um Martin Luther King mit initiierte, die Erfinder des Internets sowie „Intensivpflegerinnen, die ... erleben, dass ein Todgeweihter die Augen aufschlägt und tief Luft holt"[211]. Sieben –

---

211 Zeit-Magazin, 22.12.2021, S. 14–17, hier: 17.

zum Teil zweifellos anrührende – „Geschichten über kaum glaubliche Begebenheiten" wurden dem Artikel angefügt,[212] etwa über einen bei der Flutkatastrophe an der Ahr im Sommer 2021 verlorenen Ehering, der im Schlamm wiedergefunden wurde, über eine niederschmetternde Krebsdiagnose, die sich aber dann nach einer Operation als falsch herausstellte, über einen Studenten, der in Hamburg verzweifelt ein Zimmer suchte und schließlich doch noch fündig wurde, über ein Kind, das sich im Wald verlaufen hatte und nach ein paar Tagen unversehrt entdeckt wurde etc. Artikel und Anlagen wirken deshalb verstörend, weil die „Wunder" derart säkularisiert wurden, dass eine religiöse, transzendente Dimension gar nicht mehr erkennbar ist, Gott gar nicht mehr gebraucht wird, schon gar nicht seine Menschwerdung. Aus der Perspektive der Theologie Bultmanns wurden die Wunder hier zwar radikal entmythologisiert, aber eine existentiale Interpretation der eigentlichen Botschaft, des Kerygmas, fand dann nicht mehr statt; darauf aber kam es Bultmann letztlich an. So verständlich es ist, dass man in einer weltlichen Zeitschrift keine steile Dogmatik entfaltet bzw. bei den Leserinnen und Lesern voraussetzt, so unverständlich ist es, dass das „Wunder der Weihnacht" gänzlich eingeebnet und vollständig säkularisiert wird zugunsten der Botschaft, dass „Menschen ... in der Lage (sind), die Welt ganz neu und unerwartet zu formatieren".

Helmut Richard Niebuhr, Professor für christliche Ethik an der Yale University, hat bereits 1937, damals als zugespitzte Kritik im Blick auf den Kulturprotestantismus, geschrieben: „Ein Gott ohne Zorn leitete Menschen ohne Sünde in ein

---

212 A. a. O., S. 18–28.

Reich ohne Gericht durch die Vermittlung eines Christus ohne Kreuz."[213] Wenn das von der christlichen Botschaft übrigbleiben sollte, dann braucht man sie nicht mehr und eine Kirche braucht man dann erst recht nicht mehr.

213 Zitiert nach Carl Andresen (Hg.), Handbuch der Dogmen- und Theologie-geschichte, Bd. III, Göttingen 1988, S. 206.

IV Zur Aktualität reformatorischer Theologie

Die Reformbedürftigkeit der Kirche

Die evangelische Kirche ist, wie erwähnt, nach ihrem Selbstverständnis stets und bleibend reformbedürftig. Das liegt zunächst schlicht daran, dass die Zeiten sich ändern und das Evangelium in die jeweilige Zeit hineingesprochen werden muss. Das liegt aber auch daran, dass – nach evangelischem Verständnis – die Kirche keine Heilsanstalt ist, sondern immer wieder in die Irre läuft – genau wie ihre einzelnen Glieder, einschließlich der kirchenleitenden Persönlichkeiten. Deshalb bedarf auch die Kirche, wie jedes ihrer Glieder, immer wieder der Rechtfertigung durch Gott.

Im Jahre 1931 wies Karl Barth in einem viel beachteten Vortrag auf die doppelte Not der Kirche hin. Die erste Not, so Barth, gehöre sogar zum Wesen der Kirche. Es sei die Not, dass die Kirche das Heil nicht selbst besitze, nicht einmal teil- oder stückchenweise, sondern dass das Heil vielmehr stets und in Gänze von außen auf die Kirche zukommen müsse, und zwar „aus Gnad und lauter Güte". Die zweite Not sah Barth u. a. darin, dass die Kirche immer wieder in der Versuchung sei, trotzdem so zu tun, als habe sie das Heil oder zumindest Teile davon doch selbst, und dass sie sich dementsprechend um Öffentlichkeitswirksamkeit um ihrer selbst willen bemühe.[214]

---

214 Karl Barth, Die Not der evangelischen Kirche, in: ZZ 1931, S. 89-122.

Reformen und Reformbemühungen begleiteten die Kirche von ihrem Anbeginn an. Davon ist schon im Neuen Testament die Rede. Auch in der Zeit der Alten und der mittelalterlichen Kirche gab es bedeutende – teils erfolgreiche, teils gescheiterte – Reformvorhaben. Manche davon wurden im Nachhinein als vorreformatorische Bestrebungen bezeichnet, so etwa die Bemühungen von John Wyclif und Jan Hus Ende des 14./Anfang des 15. Jahrhunderts. Am Ende des Mittelalters und zugleich an der Schwelle zur Neuzeit stand dann in Deutschland die mit dem Namen Martin Luther verbundene Reformation und in der Schweiz die zunächst mit dem Namen Huldrych Zwingli verbundene „Kirchenbesserung", wie man dort sagte, die später vor allem von Johannes Calvin weitergeführt wurde. Auch nach der Reformation gab es immer wieder Erneuerungsbewegungen in der Kirche. Die vielleicht bedeutendste darunter, so zumindest der Kirchenhistoriker Martin Brecht, war der Pietismus um 1700[215].

In seiner berühmten Programmschrift Pia desideria (Frommes Verlangen) von 1675[216] hatte der als Vater des Pietismus geltende Philipp Jacob Spener den nach seiner Ansicht völlig verdorbenen Zustand der Kirche in sehr drastischer Weise angeprangert und eine grundlegende und umfassende Reform an Haupt und Gliedern gefordert. Später gab es häufig gegensätzliche, einander widerstreitende Reformströmungen. Zum Beispiel standen sich auf der einen Seite die konservative und konfessionelle Theologie und auf der anderen Seite die liberale, rationalistische und kulturprotestantische Theologie gegenüber. Während die einen meinten, eine Verbesserung

---

215 Martin Brecht (Hg.), Geschichte des Pietismus, Bd. 1, Göttingen 1993, S. 2.
216 Philipp Jacob Spener, Pia desideria (1675), hg. von Kurt Aland, Berlin ³1964.

der kirchlichen Situation könne nur durch eine konsequente Rückbesinnung auf die Bibel und die Bekenntnisse erfolgen, was mitunter zu Erstarrungen und Verkrus-tungen führte, waren die anderen davon überzeugt, dass man sich den aktuellen Entwicklungen in Kultur, Wissenschaft, Politik und Gesellschaft in besonderer Weise öffnen müsse, was nicht selten dazu führte, dass man den Irrtümern der jeweils vorherrschenden Meinung aufsaß. So erlag zum Beispiel am Ende des Kaiserreiches und in der Zeit der „Weimarer Republik" der sogenannte Nationalprotestantismus der allgemein verbreiteten nationalistischen Gesinnung. Angesichts der oft erbitterten Frontstellungen hatten es vermittelnde Konzeptionen, die es auch gab, schwer. Im 20. Jahrhundert war die einflussreiche und mitgliederstarke „Glaubensbewegung ,Deutsche Christen'" davon überzeugt, die Volkskirche dadurch reformieren und retten zu müssen, dass sie sich ganz dem nationalsozialistischen Zeitgeist anbiederte, den man damals übrigens allgemein als außerordentlich fortschrittlich empfand. Dem setzte die Bekennende Kirche die exklusive Orientierung am „Wort Gottes" entgegen sowie auch die Rückbesinnung auf die Bekenntnisse aus der Zeit der Alten Kirche und aus der Zeit der Reformation. Ab den 1960er Jahren wurde das in der Kirche wiederum häufig als zu eng empfunden. Man meinte, sich stärker öffnen, „Kirche für andere" sein zu müssen.

Damit griff man ein Wort Dietrich Bonhoeffers auf. Der frühere EKD-Ratsvorsitzende Wolfgang Huber, ein ausgewiesener Bonhoeffer-Kenner und auch -Verehrer, meinte indessen, die Formel „Kirche für andere" habe sich zu sehr verselbständigt. Wenn die Kirche „Kirche für andere", Anwalt der Schwachen insbesondere, sein wolle, dann, so Huber, „muss man fragen: Wer ist eigentlich das Subjekt? Wer handelt da?

Wer ist da Anwalt?"[217] Also: Wer ist das eigentlich, der da für andere da sein soll? Wer ist die Kirche, was ist ihre Identität? Vor allem hat man seit den 1960er Jahren der Bekennenden Kirche vorgeworfen, sie sei viel zu unpolitisch gewesen, sie hätte sich nicht nur um das eigene Bekenntnis sorgen dürfen, sondern dem Nationalsozialismus auch politisch Paroli bieten müssen. Dabei übersah man, dass viele Vertreter der Bekennenden Kirche, abgesehen von den großen Risiken für Leib und Leben, vor allem deswegen eher unpolitisch waren, weil sie das hohe Maß an Politisierung der „Deutschen Christen" abstieß. Nicht wenige Vertreter der Bekennenden Kirche waren aber auch ungeachtet ihrer kirchlich-theologischen Oppositionshaltung grundsätzlich, wie die allermeisten ihrer Zeitgenossen, vom damaligen politischen Zeitgeist infiziert und stimmten vielen Zielen der Nationalsozialisten zunächst durchaus zu. Im Gefolge der „68er"-Bewegung konnte man jedenfalls – nach einer bis dahin mehrheitlich „rechten" Orientierung, die sich freilich häufig als unpolitisch ausgegeben hatte – eine deutliche Linkspolitisierung der Kirche feststellen. Dies führte – zumindest im Bewusstsein vieler Menschen innerhalb wie außerhalb der Kirche – vielfach zu neuerlichen Einseitigkeiten, zur Milieuverengung und zur Vernachlässigung eigentlicher kirchlicher Kernaufgaben, zu theologischer Profil- und Konturenlosigkeit. Der schon zitierte ehemalige EKD-Ratsvorsitzende Huber, nach eigenen Angaben selbst ein ehemaliger „68er",[218]

---

217 Vor Gott und den Menschen. Wolfgang Huber im Gespräch mit Stefan Berg, Berlin 2004, S. 55 f.

218 Wolfgang Huber, Demokratie wagen – Der Protestantismus im politischen Wandel 1965–1985, in: Hermle/Lepp/Oelke, Umbrüche (wie Anm. 26), S. 383-398.

brachte die Gefahren einseitigen politischen Engagements der Kirche auf Kosten der im eigentlichen Sinne theologischen Kernaufgaben wie folgt auf den Punkt:

> „Das Allerschlimmste, was passieren könnte, würde doch darin bestehen, dass die Menschen wieder nach Religion fragen, aber die Kirche diese Sprache verlernt hat, weil sie gedacht hat, die Leute verstehen sie nicht mehr. Nach dem Motto: Jetzt reden wir nicht mehr vom lieben Gott, sondern jetzt reden wir nur noch von der sozialen Gerechtigkeit."[219]

Wenn man auf die jüngste Vergangenheit zurückblickt, so waren diese einerseits geprägt von einem enormen, bis dahin unbekannten materiellen Wohlstand der Kirche. Das Kirchensteueraufkommen erhöhte sich in Folge des sogenannten „Wirtschaftswunders" allein in dem einen Jahr von 1960 auf 1961 um fast 30 Prozent und von 1960 bis 1972 vervierfachte es sich nahezu.[220] Das Geld wurde, wie schon erwähnt, insbesondere für den Neubau funktionaler – mittlerweile teilweise schon wieder geschlossener – Gemeindezentren und die Einrichtung zahlreicher Funktionspfarrstellen sowie Gemeindepädagogen- und Sozialarbeiterstellen verausgabt. Der Göttinger Theologe Jan Hermelink wies auf die problematischen Folgen der „'dagobertinischen' Finanzverhältnisse" und des neuen Kriteriums der „Funktionalität" hin. Zum einen sei eine Transformation bzw. eine den neuen Anforderungen gemäße Anpassung der herkömmlichen – gemeindlichen – Arbeitsformen, Berufsbilder und Organisationsstrukturen verhindert worden, zum anderen sei die kirchliche Arbeit „mit innerer Notwendigkeit verwechselbar" geworden: „Denn auch andere Organisationen bieten ähnliche Funktionserfül-

---

lung an: Bildungsarbeit und soziale Beratung, Geselligkeit und religiöse Begleitung, etwa im Trauerprozess – das alles sind schon längst keine kirchlichen ‚Monopole' mehr."[221]

Solche Analysen helfen, das auf den ersten Blick paradoxe Phänomen zu erklären, dass seit Ende der 1960er Jahren der Protestantismus in Deutschland massiv an gesellschaftlicher Bedeutung verlor und die insgesamt ohnehin schwach ausgeprägte Kirchlichkeit weiter zurückging. Parallel dazu verschärfte sich das latent immer schon vorhandene unbewältigte Pluralisierungsproblem des Protestantismus, das zu einer wachsenden Polarisierung zwischen sogenannten „Progressiven" und sogenannten „Konservativen" führte.

Der Versuch, dem Traditionsabbruch im Bereich von Kirche und Christentum durch Massenevents wie die Kirchentage – mit zunehmenden Anleihen an die moderne Popkultur – zu begegnen, wurde von Anfang an auch skeptisch beurteilt, wie das dem ehemaligen Kirchentagspräsidenten Heinz Zahrnt zugeschriebene Bonmot zeigt, man könne sich das Reich Gottes letztlich nicht „ertanzen".[222] Das Phänomen der Eventisierung der Religion, das zugleich mit religiösem, kulturellem und ästhetischem Synkretismus sowie Individualisierung und subjektiver „Selbstermächtigung" einhergeht, ist längst auch Gegenstand religionssoziologischer Studien.[223] Nach der Analyse von Winfried Gebhardt etwa droht

---

221 Jan Hermelink, Einige Dimensionen der Strukturveränderung der deutschen evangelischen Landeskirchen in den 1960er und 70er Jahren, in: Hermle/Lepp/Oelke, Umbrüche (wie Anm. 26), S. 285–302, hier: 300.

222 Harald Schroeter-Wittke, Der Deutsche Evangelische Kirchentag in den 1960er und 70er Jahren – eine soziale Bewegung?, in: Hermle/Lepp/Oelke, Umbrüche (wie Anm. 26), S. 213–225, hier: 220.

223 Vgl. etwa Winfried Gebhardt, Die Eventisierung der Kultur. Strategien der kulturellen Verdummung, in: Revue d'Allemagne et des pays de la langue

bei eventisierter Religion auf Dauer eine Verflachung – Gebhardt spricht sogar von „Verdummung" – und ein Mangel an Nachhaltigkeit. Das schließt nicht aus, dass es auch gehaltvolle und theologisch fundierte Massenveranstaltungen, auch unter Verwendung moderner Medien, geben kann.

Der Philosoph Herbert Schnädelbach, nach eigener Aussage ein „frommer Atheist", äußerte:

> „Was dazu angetan ist, den glaubensfernen Beobachter zu irritieren und den Gläubigen zu erbittern, ist das rein funktionale Verständnis von Religion, das sich in den zahlreichen Versuchen zeigt, sie für die verschiedensten außerreligiösen Ziele zu instrumentalisieren. Ganz offen wird hier versucht, über das angeblich Unverfügbare zu verfügen und es an den Stellen einzusetzen, wo andere Werkzeuge nicht mehr greifen. Dazu eignet sich freilich nur ein Christentum ohne Zähne und Klauen, ohne Widerständigkeit gegen unsere moderne Welt, wie es jetzt an der Zeit zu sein scheint. Vom verborgenen, unerforschlichen, zornigen, richtenden und strafenden Gott, der sogar seinen eigenen Sohn nicht verschonte und unsere gesamte Lebenswirklichkeit infrage stellen könnte, ist da nur noch in homöopathischen Dosen die Rede; das strenge Thema der Rechtfertigung, das Luther umtrieb, verschwindet hinter dem Wunsch nach Geborgenheit in einer kuscheligen und theologisch entlasteten Religiosität."[224]

Inzwischen gibt es in der evangelischen Kirche – Gott sei Dank – eine breite Reformdebatte. Bereits 1998 beschrieb Wolfgang Huber, damals noch nicht EKD-Ratsvorsitzender, die Krise der evangelischen Kirche und wertete sie vor allem als eine „Orientierungskrise"[225]. Der Rat der EKD hat in sei-

---

allemande, 42 (2010), S. 291–306; ders., Experte seiner selbst. Über die Selbstermächtigung des religiösen Subjekts, in: Michael N. Ebertz/Rainer Schützeichel (Hg.), Sinnstiftung als Beruf, Wiesbaden 2010, S. 33–41.

224 Herbert Schnädelbach, Religion in der modernen Welt, Frankfurt a. M. ³2009, S. 135.

225 Wolfgang Huber, Kirche in der Zeitenwende. Gesellschaftlicher Wandel und Erneuerung der Kirche, Gütersloh 1998, S. 223–234.

nem Impulspapier von 2006 „Kirche der Freiheit. Perspektiven für die Evangelische Kirche im 21. Jahrhundert" die Notwendigkeit betont, nicht weniger als einen „Paradigmen- und Mentalitätswechsel [zu] vollziehen"[226] – man könnte auch sagen: sozusagen eine kleine Reformation im 21. Jahrhundert durchzuführen. Das erste und wichtigste Anliegen dieser Reform fasste der Rat der EKD mit folgenden Schlagworten zusammen: „Geistliche Profilierung statt undeutlicher Aktivität. Wo evangelisch draufsteht, muss Evangelium erfahrbar sein."[227]

Die 2014 veröffentlichte V. EKD-Erhebung über Kirchenmitgliedschaft zeichnete ein recht düsteres Bild:

> „Bei den evangelischen Kirchenmitgliedern kommt es über die Generationen hinweg zu einer kontinuierlichen Abnahme sowohl der Verbundenheit mit der Kirche als auch der Religiosität. Ein zentraler Grund hierfür liegt in der abnehmenden Breitenwirkung der religiösen Sozialisation: Je jünger die Befragten sind, umso seltener geben sie an, religiös erzogen worden zu sein. ... Der ... Trend eines deutlichen Rückgangs der religiösen Sozialisation lässt durchaus gravierende Veränderungen in der künftigen religiösen Landschaft der Bundesrepublik erahnen. Fehlende religiöse Erfahrungen, kombiniert mit abnehmendem religiösem Wissen, führen möglicherweise dazu, dass vielen (gerade jüngeren) Menschen ein Leben ohne Religion als selbstverständlich erscheint und dass dementsprechend die Bereitschaft, wiederum eigene Kinder religiös zu erziehen, erkennbar sinkt."[228]

Selbstkritisch fragte die Studie am Ende, ob die Kirche nicht „die existentiellen Themen ..., wie die Frage nach Sinn, Leben und Tod u. a. m., die als spezifisch religiöse Themen wahrge-

---

226 Kirche der Freiheit. Perspektiven für die Evangelische Kirche im 21. Jahrhundert. Ein Impulspapier des Rates der EKD, Hannover 2006, S. 7.

227 A. a. O., S. 8.

228 Engagement und Indifferenz (wie Anm. 54), S. 10.

nommen werden", zu sehr vernachlässigt habe auf Kosten „gesellschaftspolitischer Themen wie Gerechtigkeit, Frieden und Umwelt". Es sollte, so heißt es dort weiter,

> „der Frage nachgegangen werden, ob nicht eine gewisse Vernachlässigung typisch individueller Frömmigkeitsfragen im kirchlichen Diskurs zu konstatieren und also zu prüfen sei, was es bedeutet, wenn die Kirche für eine markante Mehrheit der eigenen Mitglieder Themen ‚bespielt', die an deren Erwartungen vorbeigehen"[229].

Im Folgenden möchte ich als Kirchenhistoriker nun nicht diese wichtige aktuelle Reformdebatte weiterverfolgen, sondern den Blick zurück lenken auf das Wesen der Reformation im 16. Jahrhundert, insbesondere derjenigen, die mit dem Namen Martin Luther verknüpft ist. Dahinter steckt natürlich immer die Frage, inwiefern die Anliegen der Reformation des 16. Jahrhunderts für die notwendige Reform der Kirche im 21. Jahrhundert fruchtbar gemacht werden können, ohne dabei in bloße nostalgische Schwärmerei oder museale Rekonstruktion eines längst überholten Gedankengebäudes zu verfallen.

Die Anliegen und das Wesen der Reformation

Was waren die Anliegen, was war der wesentliche Inhalt der Reformation? Am Anfang der reformatorischen Entdeckung Martin Luthers stand die nüchterne Erkenntnis, dass der Mensch ein zutiefst fragwürdiges, gebrochenes, „in sich selbst verkrümmtes" Wesen ist, durch und durch geprägt von der Sünde. Und mit Sünde meinte Luther nicht das, was wir heute meist darunter verstehen: den Seitensprung an Karneval oder das zu viel gegessene Stück Sahnetorte oder dergleichen. Nein, Luther meinte mit Sünde viel mehr, nämlich den

---

229 A. a. O., S. 130.

abgrundtiefen, unendlich weiten, unüberbrückbaren Abstand, den „Sund", zwischen Gott und Mensch, den krampfhaften und von vornherein zum Scheitern verurteilten Versuch des Menschen, sich selbst zu verwirklichen – ohne Gott. „Der Mensch kann von Natur aus nicht wollen, dass Gott Gott ist. Vielmehr wollte er, er sei Gott und Gott sei nicht Gott."[230] So hat Luther es ausgedrückt. Am Anfang stand die bittere Erkenntnis: „Es ist doch unser Tun umsonst/auch in dem besten Leben", so Luther in seinem Choral „Aus tiefer Not schrei ich zu dir"[231]. Unsere Bemühungen – letztlich alle vergeblich, selbst bei denen, deren Tugendhaftigkeit einzigartig und vorbildlich ist, selbst bei einem Albert Schweitzer oder einem Dietrich Bonhoeffer oder einer Mutter Teresa. „Wir sind Bettler, das ist wahr!"[232] – so brachte es Luther am Ende seines Lebens noch einmal auf den Punkt: Wir stehen mit leeren Händen da, denn unsere Selbstverwirklichungspläne sind uns aus der Hand geschlagen. Wir stehen rat- und trostlos da, denn unsere Weltverbesserungsstrategien sind als Flausen, ja als gefährliche Utopien und Ideologien entlarvt. Luther wusste, wir alle wissen, wie zerbrechlich unser Leben und die zwischenmenschlichen Beziehungen sind. Winzige Viren, Bakterien, Krebszellen können uns oder unsere Liebsten von heute auf morgen aus der Bahn werfen. Ein falsches Wort genügt, um Freundschaften für immer zu beenden oder das Betriebsklima dauerhaft zu vergiften. Wir wissen alle darum, wie gefährdet stets der Weltfrieden, die Umwelt, das Klima, die soziale Balance sind, dass trotz wohlmeinender Absichtserklä-

---

230 Martin Luther, Disputation gegen die scholastische Theologie, These 17 f. (WA 1, 225).

231 EG 299, 2.

232 WATR 5,168,35 (Hervorhebung TMS).

rungen letztlich Eigeninteresse, Macht und Geld zählen – das muss man, so denke ich, nicht weiter erläutern und exemplifizieren, dazu muss man nur die täglichen Nachrichten verfolgen.

Die Selbsterkenntnis, dass wir so sind, wie wir sind, das nannte Luther Buße. Auch das Wort Buße ist, wie das Wort Sünde, aus der Mode gekommen. Wir kennen es eigentlich nur noch im Zusammenhang mit dem „Knöllchen", dem Bußgeld für falsches Parken. Selbst in der evangelischen Kirche hat man 1995 weithin gemeint, den Buß- und Bettag als gesetzlichen Feiertag preisgeben zu können. Welche Bedeutung die Buße für Luther dagegen hatte, zeigt die berühmte erste seiner 95 Thesen: „Unser Herr und Meister Jesus Christus wollte mit seinem Wort: ‚Tut Buße' usw. [Mt 4,17], daß das ganze Leben der Gläubigen Buße sei."[233] Wie gesagt, Buße, das heißt nach Luther: Schau in den Spiegel, ganz ungeschminkt, da siehst du keinen Gott, sondern ein zerbrechliches Wesen, egozentrisch auf sich selbst fixiert, unfähig, sich selbst zu verwirklichen, sich selbst Lebenssinn zu stiften, unfähig letztlich auch sich und andere zu lieben. Nicht, wie so gern in Poesiealben nach Anne Franks Tagebuch zitiert wird: „Ich glaube an das Gute im Menschen", sondern wie es am Ende der Sintflutgeschichte, wohlgemerkt am Ende und nicht am Anfang, steht: „Das Dichten und Trachten des menschlichen Herzens ist böse von Jugend auf."[234]

Luther erkannte aber auch: Dennoch, paradoxerweise, mit unseren leeren Händen, ratlos und nicht bei Trost, so, wie wir nun mal sind, unfähig uns selbst zu verwirklichen und letztlich unfähig auch zu lieben, so stehen wir vor *Gott*, vor dem

---

233 KTGQ III (³1988), S. 18.
234 Gen 8,21.

Gott, von dem wir nichts wissen wollten, den wir, indem wir uns selbst zum Gott machten, vom Thron schubsen wollten. Wie kann das sein? „Ob bei uns ist der Sünden viel, / bei Gott ist viel mehr Gnade; / sein Hand zu helfen hat kein Ziel, / wie groß auch sei der Schade. / Er ist allein der gute Hirt, / der Israel erlösen wird / aus seinen Sünden allen." So endet der Choral „Aus tiefer Not schrei ich zu dir"[235]. Gott, den wir nicht finden konnten, hat uns gesucht und gefunden, hat uns aufgesucht. Da wir nicht Gott werden konnten, wenn wir uns auch noch so sehr darum bemühten, wurde Gott Mensch. „Das Wort ward Fleisch und wohnte unter uns"[236], Gott wurde Mensch in Jesus Christus, erlebte und erlitt die menschlichen Gebrechen, Zwietracht und Lieblosigkeit, nahm die Schuld der Menschen auf sich, starb und wurde begraben. Da Jesus Christus als einziger Mensch nicht in lächerlichem Hochmut und Anmaßung Gott sein wollte, sondern in aller Bescheidenheit und Demut, in aller Anfechtung, in allem Leid und umgeben von großer Schuld wirklich Gott war, deswegen konnte er auch Leid, Schuld und Tod besiegen. „Es war ein wunderlich Krieg, da Tod und Leben 'rungen; das Leben behielt den Sieg, es hat den Tod verschlungen. Die Schrift hat verkündet das, wie ein Tod den andern fraß ..." So dichtete Luther in seinem Osterlied „Christ lag in Todesbanden"[237] und gab damit zugleich eine Antwort auf die Frage, woher wir das eigentlich alles wissen können. Das hat sich kein kluger Kopf, kein Kirchenführer ausgedacht, keine Forscherin im Mikroskop entdeckt. Das steht nicht in den Sternen geschrieben. Das sagt mir nicht meine Intuition oder mein Gefühl. Nein,

---

235 EG 299, 5.
236 Joh 1,14.
237 EG 101, 4.

die Schrift, die Bibel, das geschriebene Wort Gottes sagt das, nur die Schrift allein. Sie ist die alleinige und ausschließliche Grundlage unseres Glaubens.

Luther war keineswegs das, was man heute einen Fundamentalisten nennt. Er wusste um den geschichtlichen Entstehungsprozess der Bibel, auch um ihre Vielschichtigkeit. Mit einigen Stellen, ja mit ganzen Büchern der Bibel, wie dem Jakobusbrief und der Offenbarung des Johannes, konnte er wenig anfangen. Luther wusste darum, dass die Bibel interpretationsbedürftig ist, dass sie zu jeder Zeit neu ausgelegt werden muss. Aber dessen ungeachtet war und blieb sie und nur sie allein die unumstößliche Grundlage des christlichen Glaubens und der christlichen Kirche. Der Schlüssel zum Verständnis der Bibel war und blieb für Luther Jesus Christus und nur er allein, das, „was Christum treibet". Von ihm her und auf ihn hin muss man nach Luther die Bibel lesen und auslegen, sonst begreift man sie nicht. Bei seiner Bibelübersetzung wollte er zum einen den Menschen seiner Zeit gerecht werden, damit sie in ihrer Sprache das Wort Gottes verstehen können, zum anderen aber wollte er dem ursprünglichen Text, den Autoren der biblischen Bücher gerecht werden. Die Aufgabe des Übersetzers gleicht ja der des Fährmanns. Wie der Fährmann das andere Ufer erreichen und dabei alle Hindernisse umschiffen muss, so muss der Übersetzer den Abstand zwischen der Zeit der Entstehung der Texte und der Gegenwart überwinden, er muss die Texte für die Menschen seiner Zeit verständlich machen, deren Sprache sprechen, oder, wie Luther es ausgedrückt hat, dem Volk „auf das Maul sehen"[238]. Ebenso aber darf der Fährmann beim Übersetzen über den Fluss seine Fracht nicht verlieren und der

---

238 WA 30/2, 637.

Übersetzer muss den ursprünglichen Texten möglichst gerecht werden, der Inhalt, die eigentliche Botschaft darf also nicht verloren gehen. Martin Luther hat diese schwierige doppelte Aufgabe für seine Zeit sehr überzeugend und eindrucksvoll bewältigt. Ihm war klar, dass seine Bibelübersetzung bleibend revisionsbedürftig sein würde. Aus gutem Grund erlernen bis heute Theologinnen und Theologen die biblischen Sprachen Hebräisch und Griechisch, um selbst dem Textsinn nachgehen und ihn in heute verständlichen Worten ausdrücken zu können.

Dass Gott keinen Gefallen am Tod des Sünders oder der Sünderin hat, dass er ihn oder sie nicht ins Verderben rennen lässt, dass er von sich aus den Abstand zwischen sich und uns überwindet, dass im Kreuzestod Jesu Christi der Sieg des Lebens begründet ist, das alles übersteigt unseren Verstand. Es ist höher als unsere Vernunft; nach Paulus ist es sogar eine Torheit und ein Ärgernis.[239] Dass Gott gnädig ist, dass die Bibel recht hat, darauf kann man nur vertrauen, das kann man nur glauben. „Wer glaubt, der hat."[240] Das meist abfällig gemeinte Sprichwort: „Wer's glaubt, wird selig!" gibt eigentlich ganz prägnant wieder, was Luther von Paulus gelernt hat. Der Glauben, der selbst ein Geschenk Gottes ist, auf den man sich nichts einbilden kann, kommt nach Luther aus dem Hören des Wortes Gottes. Hören auf das Wort Gottes und es Weitersagen, das sind nach Luther deshalb die Hauptaufgaben der christlichen Gemeinde, nicht nur der Pfarrerinnen und Pfarrer, sondern der ganzen Gemeinde. Der Gottesdienst, in dem das Wort Gottes weitergesagt und gehört wird, ist deshalb für Luther das Zentrum des Gemeindelebens. Wenig Verständnis

---

239 Vgl. 1 Kor 1,18 ff.
240 Vgl. Mt 21,22.

hätte er daher wohl heute für Gemeinden, in denen etwa der Kindergottesdienst stiefmütterlich behandelt wird oder gar gänzlich brach liegt. Wenig Verständnis hätte er auch dafür, wenn sich die Jugendarbeit im Wesentlichen auf Computerkurse, Würstchengrillen, Spaßhaben etc., die Erwachsenenbildung auf die Diskussion tagespolitischer Fragen und die Seniorenarbeit auf Bastelkurse, Kuchenessen und Ausflüge etc. beschränkte. Gemeinden sollten offene Türen mit niedrigen Schwellen haben und sich nicht verschließen. Nur sollten es gewissermaßen immer zwei offene Türen sein. Fatal wäre, wenn man gewissermaßen einen Anbau an die Kirche baute mit einer weit offenen Tür nach draußen, aber eine zweite Tür von dem Anbau in die Kirche hinein vergäße, wenn da alles verschlossen und zugemauert wäre. Wie gesagt, eine Gemeinde sollte offene Türen nach außen haben, keine Frage. Aber sie sollte immer auch eine Gemeinde der offenen Bibel sein. Man versündigt sich an den nachfolgenden Generationen, wenn man sie nicht mehr mit der Frage konfrontiert: „Was ist dein einziger Trost im Leben und im Sterben?" – um den Heidelberger Katechismus zu zitieren[241] – und wenn man ihnen die christliche Antwort darauf schuldig bleibt. Die Jugendlichen merken früher oder später intuitiv, dass das bloße Spaßhaben auf Dauer keine Freude macht.

Ähnliches gilt im Übrigen auch für den Religionsunterricht. Da spreche ich als jemand, der Religionslehrerinnen und -lehrer ausbildet, aus leidvoller Erfahrung. In vielen Schulen findet, wie erwähnt, kein ordnungsgemäßer Religionsunterricht mehr statt. Vielfach geht es im Klassenverband nur noch um die immer gleichen ethischen Probleme wie Drogen und Sexualität. Gerne werden auch Fremdreligionen

---

241 Heidelberger Katechismus (1563), Frage 1.

wie der Islam behandelt. Wie aber soll man eine fremde Religion verstehen können, wenn man keine eigene mehr hat?

Das Hören und Weitersagen ist zunächst eine recht verkopfte Angelegenheit. Der Glauben dagegen betrifft den ganzen Menschen. Im reformatorischen Gottesdienst wird deshalb nicht nur gepredigt, sondern es wird auch gesungen und gebetet und es werden die Sakramente gespendet, die Gottes Anwesenheit und Gaben ganz sinnfällig erfahrbar machen: „Schmecket und sehet, wie freundlich der Herr ist!" Sakramente sind nach der Bibel von Christus selbst eingesetzt worden und mit einem Zeichen und einer Verheißung, einer unsichtbaren Gnadengabe, versehen. Sie sollen schriftgemäß verwaltet werden. Das ist das reformatorische Verständnis der Sakramente. Ich kann nicht erkennen, dass dieses Verständnis gegenüber dem katholischen in irgendeiner Weise defizitär oder minderwertig sein soll. Das katholische Verständnis geht vielmehr einerseits über die Bibel hinaus, wenn etwa die Gültigkeit der Eucharistie von einer besonderen Weihe des Priesters abhängig gemacht wird und wenn etwa unter Berufung auf Aristoteles gelehrt wird, die Elemente würden dauerhaft gewandelt – 1215, auf dem 4. Laterankonzil unter Papst Innozenz III., wurde dies übrigens erst so festgelegt. Zudem bleibt das katholische Eucharistieverständnis hinter der Bibel zurück, wenn etwa grundsätzlich – von Ausnahmen abgesehen – der Gemeinde der Kelch entzogen wird, obwohl es doch in der Bibel heißt: „Und sie tranken alle daraus"[242], und wenn etwa die Praxis der Reihenkommunion den in der Bibel klar bezeugten Gemeinschaftscharakter des Herrenmahls zu relativieren droht. Der Zürcher Reformator Huldrych Zwingli meinte, Jesus Christus könne beim Abend-

---

242 Mk 14,23.

mahl nicht leiblich anwesend sein, da dieser doch an Himmelfahrt in den Himmel aufgefahren sei und seitdem dort zur Rechten des Vaters sitze. Zwingli verstand deshalb das Abendmahl eher symbolisch, genauer gesagt im Sinne einer Ver-Gegenwärtigung des Geschehens von Golgatha: Das, was damals geschah, gilt heute für mich. Luther entgegnete Zwingli, Gott wohne doch nicht irgendwo hinter den Wolken. Mein Himmel, so Luther, reicht bis weit auf die Erde herab. Johannes Calvin wiederum versuchte, zwischen Luther und Zwingli zu vermitteln. Die besondere Gegenwart Jesu Christi beim Abendmahl werde, so lehrte es der Genfer Reformator, durch den Heiligen Geist vermittelt (Spiritualpräsenz). Ganz gleich, ob man es heute mehr mit Zwingli oder mit Luther oder mit Calvin hält, in der evangelischen Kirche droht jedenfalls dann eine Sinnentleerung des Abendmahls, wenn dieses etwa lediglich als Symbol für die Notwendigkeit des Teilens oder als bloßes Gemeinschaftserlebnis missverstanden wird. Beim evangelischen Abendmahl geht es um die besondere – anamnetische, reale oder spirituelle – Präsenz Jesu Christi und um Sündenvergebung, d. h. um die Wiederherstellung der gestörten Beziehung zwischen Gott und Mensch, die wiederum Versöhnung unter den Menschen ermöglicht. Auf dieser Grundlage eines differenzierten Konsenses gibt es seit 1973 Abendmahls- und damit zugleich Kirchengemeinschaft lutherischer, reformierter und unierter Kirchen in Europa (Leuenberger Konkordie). Das häufig zu hörende Betteln evangelischerseits, die katholische Kirche müsse endlich auch Protestantinnen und Protestanten zur Eucharistie zulassen, halte ich für unnötig und wenig selbstbewusst, denn dem evangelischen Abendmahl fehlt nichts und es steht prinzipiell allen Getauften, egal welcher Konfession, offen.

Nach dem berühmten Kirchenartikel des Augsburger Bekenntnisses von 1530, der grundlegenden Bekenntnisschrift der lutherischen Reformation, ist die Kirche „die Versammlung aller Gläubigen, bei welchen das Evangelium rein gepredigt und die Sakramente evangeliumsgemäß gereicht werden"[243]. Alle anderen Fragen sind demgegenüber eigentlich nicht von Belang. Eine Kirche, für die dieser Artikel des Augsburger Bekenntnisses verbindlich ist, der etwa auch in der sechsten These der Barmer Theologischen Erklärung aufgegriffen wird, können die Alleinvertretungsansprüche aus Rom kalt lassen. Die Kirche der Reformation, die nach Gottes Wort reformierte Kirche, ist übrigens keineswegs die Kirche der Person Luther. Das Augsburger Bekenntnis, dessen Verfasser ja auch nicht Luther, sondern Philipp Melanchthon war, beginnt mit den Worten: „Die Kirchen bei uns lehren in großer Eintracht *(magno consensu)* ..."[244] und eben nicht mit den Worten: „Martin Luther lehrt ...".

Zum reformatorischen Kirchenverständnis gehört die Unterscheidung zwischen der sichtbaren und der verborgenen Kirche. Die verborgene Kirche wird allein von Christus geleitet. Er versammelt die wahrhaft Glaubenden um sich, und zwar aus allen sichtbaren Kirchen und darüber hinaus. Sichtbare Kirchen sind, wie eingangs schon gesagt, fehlbare Institutionen, die selbst immer wieder der Rechtfertigung bedürfen. Das heißt freilich nicht, dass sie unnütz oder überflüssig seien. Die sichtbare und die verborgene Kirche sind vielmehr aufeinander bezogen. Und als evangelischer Christ glaube ich in der Tat, dass meine Konfession und also auch meine Kirche – trotz all ihrer Unzulänglichkeiten und Fehler

---

243 CA 7.
244 CA 1.

– ganz dicht an der Wahrheit ist, sonst müsste ich die Konfession ja auch konsequenterweise wechseln. Damit ist allerdings kein Urteil über andere Kirchen, Konfessionen und Religionen, geschweige denn über deren Mitglieder gefällt. Es ist ja möglich und es gilt auszuhalten, dass andere das anders sehen bzw. ebenfalls, vielleicht an einer anderen Stelle, ganz dicht an der Wahrheit sind. Das hat mit Beliebigkeit und Relativismus, den der ehemalige Papst Benedikt XVI. überall befürchtete, nichts zu tun. Christentum, christlichen Glauben gibt es nicht an und für sich, sondern immer nur in ganz bestimmten, historisch gewachsenen und bekenntnismäßigen Ausprägungen – da hatte Benedikt ganz recht. Aber es bleibt eine Differenz zwischen sichtbarer und verborgener Kirche. Die Kirche ist nicht die Wahrheit oder hat nicht die Wahrheit, sondern sie lebt von der Wahrheit. Es ist wie mit der Liebe. Die gibt es auch nicht an und für sich, sondern immer nur bezogen auf einen ganz konkreten geliebten Menschen. Wenn ein Mann sich in eine Frau verliebt, dann gibt es für ihn nur noch diese eine Frau. Aber natürlich sehen andere verliebte Männer das – Gott sei Dank – anders. Für sie gibt es ebenfalls nur noch eine Frau; es ist freilich eine andere. Natürlich gilt dieses Beispiel entsprechend auch für andere Liebesbeziehungen.

Vielen mag das alles, wovon bisher die Rede war, zu individualistisch erscheinen. „Und wo bleibt da die Ethik?“, mag mancher fragen. Die gibt es durchaus in der lutherischen Reformation. Sie ist begründet in der rechtfertigenden und frei machenden Gnade Gottes, ist gewissermaßen die Kehrseite derselben Medaille. Der Mensch, der sich nicht mehr krampfhaft selbst verwirklichen muss, was ihm ohnehin nicht gelingt, der Mensch, dem die Sorge um den eigenen Lebenssinn abgenommen worden ist, der kann endlich die Sorgen und Nöte der anderen wahrnehmen, sich phantasievoll um sie kümmern, von der Liebe, die er von Gott erfährt, weitergeben. „Ein guter Baum trägt gute Früchte."

Mit diesem lapidaren biblischen Satz[245] hat Luther die gesamte Ethik zusammengefasst: Der Baum ist gut, weil er Sonne und Platz hat, auf festem, gutem Grund steht und Wasser und Nährstoffe bekommt – das alles ist nicht im Geringsten sein Verdienst. Um dann gute Früchte hervorzubringen, dazu braucht er keine Anleitung, keinen Anreiz und keine Strafandrohung. Das tut er einfach so, gleichsam automatisch, und das ist ebenfalls nicht sein Verdienst. Richtiges Handeln ist kaum allgemeingültig normierbar. Wer beispielsweise sieht, dass sich ein Mensch von der Brücke stürzen will, der muss wohl handeln. Was man aber tut oder sagt, unterlässt oder verschweigt, das kann genau das Falsche sein und gerade dazu führen, dass der Mensch springt. Hier gilt dann Luthers Rat, notfalls „tapfer zu sündigen". Luther fügte freilich hinzu: „Und glaube noch tapferer!" Altkanzler Helmut Schmidt hat dieses eben beschriebene Dilemma sehr eindrücklich reflektiert: Im sogenannten „Deutschen Herbst" sei es für ihn persönlich als Verantwortung Tragendem nicht ohne Schuldverstrickung gegangen, was auch immer er getan oder unterlassen, gesagt oder verschwiegen hätte. Wohl nicht von Ungefähr beendete Schmidt seine Regierungserklärung zum Problem des Terrorismus am 20. Oktober 1977 vor dem Deutschen Bundestag ausnahmsweise mit den Worten: „Gott helfe uns!"[246]

Hier liegt auch die Ursache für die große geistesgeschichtliche Auseinandersetzung zwischen dem Humanistenfürsten Erasmus von Rotterdam und Luther. Erasmus

---

245 Vgl. Mt 12,33.
246 Interview in „Die Zeit", 30.08.2007, S. 18.

190

war an der Sittlichkeit der Menschen sehr gelegen und er war außerordentlich optimistisch, dass es in dieser Hinsicht einen ständigen Fortschritt gab. Deshalb war es für ihn schon aus pädagogischen Gründen nicht anders denkbar, als dass der Mensch durch seinen freien Willen an seinem Heil mitwirkt. Luther dagegen war im Hinblick auf die sittlichen Möglichkeiten des Menschen, wie gesagt, äußerst pessimistisch, man könnte auch sagen: realistisch. Für ihn hing alles allein von der freien Gnade des allmächtigen Gottes ab, die für ein auch noch so geringes Mitwirken des Menschen am Heil keinen Platz ließ. In zwischenmenschlichen, weltlichen Angelegenheiten ließ Luther dagegen einen freien menschlichen Willen durchaus gelten. Wirklich frei kann der Mensch aber nach Luther erst sein, wenn ihm die Sache des Heils gänzlich aus der Hand genommen worden und bei Gott aufgehoben ist.

Die Meinung, man könne oder man müsse gar aus dem Evangelium unmittelbar politische Handlungsanweisungen ableiten, hielt Luther für eine gefährliche Schwärmerei. Den Versuch, eine Theokratie oder einen Gottesstaat zu errichten, wie etwa Johannes Calvin es in Genf teilweise versuchte, lehnte er ab. Erst recht gilt dies natürlich für das bizarre Täuferreich in Münster. Luther unterschied zwei Regimente, das geistliche und das weltliche, und warnte vor einer Vermischung beider. Später, nach Luther, wurde daraus die sogenannte „Zwei-Reiche-Lehre", die deshalb fatal war, weil man mitunter meinte, alles Tun der Obrigkeit als gottgewollt hinnehmen und rechtfertigen zu müssen. Das war aber so von Luther nicht gemeint gewesen. Nach Luther ist der Christ immer zugleich Staatsbürger und die weltliche Obrigkeit, der ja zumindest bei uns eigentlich seit Kaiser Konstantin meistens auch Christenmenschen angehörten, ist Gott gegenüber verantwortlich. Einspruch von kirchlicher Seite ist, wie es etwa auch in der Barmer Theologischen Erklärung von 1934 herausgestellt wurde, insbesondere immer dann notwendig, wenn die Politik zur Heilslehre, zur Ideologie wird, wenn der Staat zum Weltanschauungsstaat wird und sich anmaßt, in die Herzen, Seelen und Gewissen der Menschen hineinzuregieren. Umgekehrt aber darf die Kirche sich keinen weltlichen Herrschafts- und Machtanspruch anmaßen und muss den Sachverstand und die rationalen oder bisweilen auch pragmatisch begründeten Entscheidungen einer legitimen Regierung anerkennen können, sofern dadurch kein Gewissenszwang ausgeübt wird. Die Kirche sollte Christinnen und Christen mit Sachverstand in weltlichen Dingen viel stärker, als das bisher geschieht, als kompetent anerkennen und einbeziehen. Gerade auch so würde die reformatorische Formel vom „allgemeinen Priestertum der Gläubigen" heute mit Leben gefüllt. Versuchen in der Kirche, bestimmte politische Optionen theologisch zu überhöhen, ist zu widersprechen.

In der Kirche hört man in Anspielung auf die Beispielerzählung vom „Barmherzigen Samariter" z. B. oft den Satz: Eigentlich wichtiger noch als den unter die Räuber Gefallenen zu versorgen, sei es, die Straßen sicher zu machen, damit Überfälle künftig gar nicht mehr passieren. Dem wird man grundsätzlich zustimmen. Aber wie ist es um die Straße von Jericho nach Jerusalem tatsächlich bestellt? Trotz vielfältigen politischen Bemühungen ist die auch nach 2000 Jahren noch nicht wirklich sicher. Für die großen politischen Lösungen braucht man einen sehr langen Atem und Vorsicht ist gegenüber wohlfeilen ideologischen Rezepten, welcher Couleur auch immer, geboten. Insbesondere sollte man nicht das unter die Räuber gefallene Opfer aus den Augen verlieren, weil dieser Mensch nicht viel Zeit hat und ihm mit theoretischen Konzepten und Resolutionen nicht geholfen ist.

Seit frühester Kindheit sind mir die alten Verse der Lutherbibel vertraut, die großen Erzählungen und poetischen Texte des Alten und Neuen Testamentes und die Choräle von Martin Luther, Paul Gerhardt, Matthias Claudius, Jochen Klepper und vielen anderen, die evangelischen Gottesdienste mit ihren uralten liturgischen Teilen (*Kyrie eleison* etc.), ihrem Orgelspiel, dem Posaunenchor und der Kantorei, mit Predigten, die immer mal wieder nachdenklich stimmen und berühren, mit Taufen und Abendmahlsfeiern, auch das Weihnachtsoratorium, die Bach-Passionen, Georg Friedrich Händels Messias und Heinrich Schütz' Motetten. All dies ist ein überaus reicher Schatz, der mich mit vielen anderen Menschen und mit meinen Vorfahren verbindet, die mit Psalm 23 („Der Herr ist mein Hirte, mir wird nichts mangeln ...") oder einem Paul Gerhardt-Vers („Wenn ich einmal soll scheiden, so scheide nicht von mir ...") auf den Lippen getröstet gestorben sind.

Ich habe versucht, diesen Schatz weiterzugeben: in der eigenen Familie, in der Schule und der Universität und im Kindergottesdienst der Gemeinde. Evangelischer Glaube und Gottesdienst bieten einen Kompass im Leben, ein tragfähiges Fundament, einen Cantus firmus unseres Lebensliedes in Dur und Moll, eine grundsätzlich optimistische und fröhliche Lebenseinstellung, die auch durch schwere Zeiten oder angesichts von Leid und Elend trägt. Dass diese Tradition gerade so jäh abzubrechen droht, ist ein echter Jammer und eine Herausforderung für alle evangelischen Christen, diesem Traditionsabbruch entgegenzuwirken, auch wenn sich das mitunter wie eine Sisyphusarbeit anfühlt. Wir müssen uns trauen, als Kirche wieder mehr von Gott zu reden, auch wenn der Entkirchlichungstrend dadurch nicht aufgehalten werden sollte.

Fazit

Die Zukunftsfähigkeit des Protestantismus erweist sich meiner Überzeugung nach daran, ob es ihm gelingt sich weiterhin an wesentlichen Elementen der von Luther ausgegangenen Reformation zu orientieren bzw. sich wieder von Neuem darauf zu besinnen. Als solche wesentlichen Elemente stellte ich heraus:

1. das pessimistische oder, besser gesagt, *realistische Menschenbild*: der Mensch, getrennt von Gott, wie das trotzige „Hänschen klein", das alles schon allein machen will, sich dabei aber nur lächerlich macht und letztlich ins Verderben rennt;

2. den grundlos *gnädigen und barmherzigen Gott*, der sich des trotzigen kleinen Hänschens annimmt, hinter ihm herläuft und sich liebevoll darum kümmert, obwohl dieses sich wehrt und schreit: Geh weg, ich brauch' dich nicht, ich kann das alles alleine;

3. den Gott, der in *Jesus Christus* selbst ein Kind wurde, um mit uns trotzigen Kindern auf Augenhöhe zu sein; den Gott, der Mensch wurde, weil wir nicht Gott werden konnten, obwohl wir schon meinten, es zu sein;

4. die *Selbsterkenntnis* – dass der Mensch erkennt, wer er in Wirklichkeit ist: nicht der tolle Held, sondern eben das trotzige und sich lächerlich machende, durchaus auch zum Bösen fähige Kind, das ins eigene Verderben rennt;

5. den Menschen, er der Hilfe und Zuwendung Gottes *vertraut* und an die Erlösung durch Jesus Christus, den gekreuzigten und auferstandenen Sohn Gottes, glaubt und das als eine enorme Befreiung erfährt – das alles nicht aus eigener Kraft und Entscheidung, sondern mit Hilfe des *Heiligen Geistes*;

6. die Heilige Schrift als das alleinige Fundament, das man immer wieder neu hören, auslegen und weitersagen muss; dies darf aber nicht in unhistorischer Weise, weder in fundamentalistischer noch in politisch-ideologischer, geschehen;

7. die Kirche als die Gemeinschaft der Glaubenden, in der Gottesdienst gefeiert, das Evangelium verkündet und die Sakramente schriftgemäß gereicht werden und die erkennt, dass demgegenüber alles andere vielleicht auch wichtig, aber nachrangig ist;

8. die reformatorische Kirche nicht als „Luther-Sekte", sondern als die nach Gottes Wort reformierte Kirche, die treu zu ihrem Bekenntnis bzw. ihren Bekenntnisschriften steht, die freilich auch stets auslegungsbedürftig sind und bleiben;

9. die Ethik nicht als Voraussetzung, sondern vielmehr als Konsequenz der freimachenden Gnade Gottes, der Rechtfertigung, nach dem Motto: „Ein guter Baum trägt gute Früchte" – insofern gibt es allen Grund zum Optimismus: Die reformatorische Ethik bedarf keiner allgemeingültigen, festen Regeln und trägt dem Umstand Rechnung, dass der Mensch stets zugleich auch sündig ist und bleibt und also auf Gottes Gnade angewiesen; eine solche Ethik bleibt im Blick auf die sittlichen Möglichkeiten des Menschen, im Blick auf politische Theorien und Rezepte vorsichtshalber und realistischerweise skeptisch;

10. die rechte Unterscheidung zwischen geistlichem und weltlichem Regiment und die Warnung vor einer vorschnellen Vermischung beider; die richtige Mitte zwischen politischer Blindheit einerseits und theologischer Verbrämung politisch-ideologischer Überzeugungen andererseits.

Manche mögen das alles sehr altmodisch finden. Man wird zugegebenermaßen immer wieder Übersetzungsarbeit leisten müssen, – aber, wohl gemerkt, eine Übersetzungsarbeit, bei der man die Fracht nicht verliert, die Botschaft nicht verbiegt. Moden kommen und gehen. „Alles ist ganz eitel", wusste schon der Prediger Salomo.[247] Was heute modisch und fortschrittlich ist, ist morgen out, altmodisch und rückschrittlich, reaktionär. Was heute rückschrittlich, reaktionär und out ist, ist morgen vielleicht schon wieder in, fortschrittlich und modisch. Wenn man etwas aus der Kirchengeschichte lernen kann, dann das. Die Kirche der Reformation tut gut daran, wenn sie sich am „Zeitgeistsurfen" und „Wellenreiten" nicht beteiligt. Die Kirche der Reformation tut gut daran, bei ihrer Sache bzw. ihrer Mitte zu bleiben oder, wo sie sich davon entfernt haben sollte, sich wieder auf diese Mitte zu besinnen und zu ihr zurückzukehren. Re-formation – das heißt Rückkehren zu den Ursprüngen, sich daran Orientieren; dies freilich, ohne dabei blind zu sein für die aktuellen Herausforderungen der Gegenwart.

Zu guter Letzt sei noch einmal Martin Luther zitiert:

> „Denn wir sind es doch nicht, die da könnten die Kirche erhalten, unsere Vorfahren sind es auch nicht gewesen, unsere Nachkommen werden's auch nicht sein, sondern der ist's gewesen, ist's noch, wird's sein, der da spricht: Ich bin bei euch bis an der Welt Ende, wie es im Hebräerbrief im 13. Kapitel steht: Jesus Christus gestern, heute und in Ewigkeit ...".[248]

---

247 Koh 1,2.
248 WA 50, 476.